D1876947

DOROTHÉE WAECHTER
FOTOS: SYBILLE PIETREK

Der mobile GARTEN

Konzepte für große Pflanzgefäße

blv

6 FARBENFROH IM FRÜHLING

30 VIELFALT IM SOMMER

96 FINALE IM HERBST

130 GÄRTNERN IN TÖPFEN

FARBENFROH IM FRÜHLING

Der Start in die neue Saison steckt voller Vorfreude. Nach Kälte und Wintertristesse heißt es die Palette der Möglichkeiten wieder voll auszuschöpfen. Bereits Anfang März wird das Angebot größer und man kann mit der Bepflanzung beginnen. Lassen Sie sich von unseren Ideen inspirieren.

BLÜTENWOLKEN MIT FEINEM DUFT

In der Frühlingssonne strahlen die weißen Blüten besonders klar und verleihen den ersten Wochen der Saison einen besonderen Glanz, der bei Sonnenschein von dem Parfüm von Narzissen und Hyazinthen begleitet wird.

Ein ganz besonderer Duft liegt in der Luft, wenn sich die Blüten dieser Gestaltung in der Frühlingssonne öffnen. Sowohl Narzissen als auch Hyazinthen verströmen ein kräftiges Parfüm, was in der noch kühlen Luft angenehm ist. Die Gestaltung in den beiden strukturreichen Kübeln stimmt sehr dezent auf den Beginn der neuen Saison ein. Die Blütenfarben sind vorwiegend in einem reinen Weiß gehalten. Das wird von den silbrigen Blättern der Marokko-Margerite unterstützt.

Die frische Note wird darüber hinaus durch das zarte Laub von dem Tränenden Herz und den hellgrünen Blättern der Schaumblüte unterstützt. Nur die lila-blauen Hyazinthen entwickeln einen Kontrast, der aber in das Bild von weißen Wolken am Frühlingshimmel passt. In unserem Arrangement entsteht auch durch das blau-weiße Blütenspiel eine Verbindung zum blau gestrichenen Gartenhaus mit den weißen Kanten im Hintergrund.

In der Kombination werden viele verschiedene Pflanzen verwendet. Dadurch entsteht auf kleinstem Raum das Gefühl von Vielfalt.

WAS BRAUCHE ICH?

- 1 × Tränendes Herz *(Dicentra spectabilis* 'Alba')
- 3 × Poetaz-Narzissen 'Bridal Crown' *(Narcissus*-Hybride)
- 2 × Hyazinthe *(Hyacinthus orientalis)*
- 1 × Schleifenblume *(Iberis sempervirens)*
- 2 × Gänsekresse 'Alabaster' *(Arabis-Caucasica*-Hybride)
- 1 × Schaumblüte 'Spring Symphony' *(Tiarella cordifolia)*
- 3 × Hornveilchen *(Viola cornutc)*
- 1 × Marokko-Margerite *(Leucanthemum hosmariense)*

Der Aufbau der Pflanzung ist pultförmig erfolgt, so dass in jedem Topf die hohen Pflanzen, also Narzissen und Tränendes Herz, im Hintergrund angeordnet sind. Die Kissen von Schleifenblume, Gänsekresse und Marokko-Margerite legen sich locker über die Ränder und sorgen so für einen weichen Übergang von den Gefäßen zu den Blüten. Mit der Zeit werden auch die Hornveilchen ihren Umfang vergrößern.

Die Blüten der Schleifenblume stehen dicht nebeneinander und blühen von außen nach innen auf. Dadurch ist die Blütezeit recht lang (oben). Die Gänsekresse verdeckt das Laub vollständig, wenn die Knospen sich alle geöffnet haben (oben rechts). Die Schaumblüten entwickeln über dem grasig grünen Laub drahtige Stiele mit zarten Blüten, die im knospigen Zustand rosa überhaucht sind (rechts).

Wenn man diese Bepflanzung gestaltet, dann ist es durchaus ratsam, beim Kauf die knospigen Exemplare herauszusuchen. Das hat den Vorteil, dass man die Entwicklung selbst beobachten kann und viel länger etwas von der Gestaltung hat. Dabei kann es durchaus sein, dass in einer sonnigen Periode gerade die Zwiebelblumen, also Narzissen und Hyazinthen, schneller verblühen. Dann kann man die Töpfe herausnehmen und sie einfach durch frische, knospige Exemplare ersetzen. Man bekommt gerade diese Frühlingsblüher über viele Wochen zu kaufen.

Während viele Frühjahrsbepflanzugen keinen Dünger benötigen, ist es in diesem Fall durchaus ratsam, die Schönheiten alle zwei Wochen mit etwas Flüssigdünger in schwacher Dosierung zu verwöhnen. Zum einen kommen so die Hornveilchen in Schwung, breiten sich kräftig aus und entfalten sich zu einer späten Pracht. Zum anderen sind eine ganze Reihe der Frühlingsblüher mehrjährig. Schaumblüte, Gänsekresse, Schleifenblume und Tränendes Herz kann man in den eigenen Garten für das nächste Frühjahr pflanzen oder in ein Projekt urbanen Gärtnerns unterbringen. Dann sollte die Schaumblüte eher halbschattig stehen und vor allem einen frischen, leicht feuchten Boden haben. Die Polster von Gänsekresse und Schleifenblume werden etwas zurückgeschnitten, damit sie kompakt wachsen.

Wer Spaß am Gärtnern hat, kann übrigens auch die Zwiebelblumen schon über den Winter in Töpfen selbst antreiben. Dabei ist es entscheidend, dass die Narzissen immer wieder gegossen werden, weil sich bei Trockenheit die Knospen nicht zu Blüten entwickeln. Bei den Hyazinthen lässt sich die Blüte durch Wassergaben steuern. Je trockener die Töpfe sind, desto länger dauert es, bis die Blüten geöffnet sind.

WELCHER STANDORT?

An einem sonnigen Standort leuchtet das Weiß besonders intensiv und die Duftpflanzen entfalten ihr Parfüm. Auch ein schattiger Standort ist denkbar. Die Pflanzen halten länger, weil sie langsamer erblühen.

WAS KOSTET DAS?

Die Kosten belaufen sich insgesamt auf gut 35 Euro. Wer nicht so tief in die Tasche greifen will, kauft statt der weißen Polster von Gänsekresse und Schleifenblume mehr Hornveilchen.

WIE LANGE HÄLT DAS?

Das hängt von verschiedenen Faktoren ab. Ein realistischer Mittelwert sind auf jeden Fall sechs Wochen.

SONNIG GELBE BLÜTEN IN FRISCHEM GRÜN

Die goldenen Blüten verbreiten in der kühlen Frühlingsluft eine angenehme Wärme und leuchten, selbst wenn sich der Winter hartnäckig zeigt. Dabei wird die Blütenfarbe zusätzlich durch Blattschmuck in der Wirkung unterstützt.

Gepflanzt werden kann diese Kombination bereits im zeitigen Frühling. Zwar sind dann einige der Blütenpflanzen noch in einem sehr knospigen Zustand, aber man kann die Entwicklung der Gestaltung sehr gut beobachten und miterleben. Die Farbstimmung an sich wird durch die grasgrün belaubten Purpurglöckchen und die Spindelsträucher mit den gelbgrün gezeichneten Blättern frühzeitig erkennbar.

Erst nach und nach gesellen sich die Blüten dazu. Zu den ersten gehören natürlich die Stiefmütterchen, die der Kälte problemlos trotzen. Auch der Geissklee deutet frühzeitig die Farbe in den Blütenständen an. Es folgen die kleinblumigen Narzissen, das Felsen-Steinkraut und die Ranunkeln.

In der Anordnung ist der Geißklee als höchste und auch vom Umfang größte Pflanze im Hintergrund der beiden Gefäße angeordnet. Alle anderen Blüten- und Blattschönheiten ergänzen sich zu einer harmonischen Mischung, wobei die Narzissen je nach Entwicklungszustand in der Vollblüte dann über der restlichen Pflanzung schweben.

WAS BRAUCHE ICH?

- 2 × grünlaubiges Purpurglöckchen *(Heuchera-*Hybride), z. B. 'Lime Marmelade'
- 4 × Narzisse 'Tête-à-Tête' *(Narcissus cyclamineus)*
- 3 × Stiefmütterchen *(Viola-*Wittrockiana-Hybride)
- 2 × Felsen-Steinkraut *(Alyssum saxatile)*, z. B. 'Compactum Goldkugel'
- 1 × Geißklee *(Cytisus × racemosus)*
- 1 × Ranunkel *(Ranunculus asiaticus)*
- 2 × Spindelstrauch 'Emerald Gold' *(Euonymus fortunei)*

Die Pflanzenmasse steht recht dicht. Das bedeutet, dass Regenwasser zwar die Pflanzen von oben befeuchtet, es aber nicht unbedingt bis an die Wurzeln vordringt. Daher gilt: Beim Gießen mit dem Strahl der Gießkanne zwischen das Blattwerk gehen und die Erde durchdringend befeuchten, damit einer gleichmäßigen Entwicklung nichts im Weg steht. Dabei kann man auch einmal in der Woche schwach dosiert etwas Flüssigdünger dazugeben.

Der Geißklee ist eine strauchige Pflanze, die etwas teurer ist, sich aber dadurch auszeichnet, dass sich immer neue Blüten an den Trieben entwickeln. Dabei sollte man ab und an mit einer spitzen Kräuterschere abgeblühte Blütentrauben entfernen. Das regt die in den Startlöchern befindlichen jungen Blütenstände an durchzutreiben. Dabei werden dann auch die welken Narzissen entfernt, damit der frische Eindruck erhalten bleibt.

Während die Stiefmütterchen immer buschiger werden und meist noch bis in den Juni eine gute Figur machen, ziehen sich die Narzissen zurück. Es ist wichtig, dass man auf eine gute Ausgangsqualität der Narzissen achtet. Die Zwiebeln sollten schön dick sein. Das verspricht eine reiche Blüte. Genauso gut kann man übrigens auch verblühte Exemplare austauschen und so im April der Gestaltung nochmals eine frische Note geben. Das gilt übrigens auch für die Ranunkeln.

Für die Töpfe sollte ein etwas geschützter Standort gewählt werden. Denn wenn die Blüten sich tagsüber in der Sonne erwärmen, ist der Unterschied zu den noch kalten Frühlingsnächten groß. Das kann dazu führen, dass die Pflanzen etwas leiden. Auch Zugluft sollte am besten vermieden werden.

Wer etwas weniger Geld für die Kombination ausgeben will, der mischt statt des Felsen-Steinkrautes ein paar Hornveilchen unter. So kann man auch ein wenig Variation in das Gelb bekommen, denn mit orangefarbenen, zitronengelben und weißen Hornveilchen lockert man das reine Goldgelb angenehm auf. Wichtig ist, dass man die Exemplare gleichmäßig über die Pflanzung verteilt, damit die anderen Blütenformen dennoch gut zur Geltung kommen.

WELCHER STANDORT?

Ein sonniger bis halbschattiger Standort ist ideal für diese gelbe Kombination. Die Blüten brauchen die Wärme, um sich zu entwickeln.

WAS KOSTET DAS?

Für die Kombination muss man etwa 40 Euro investieren. Dabei ist wichtig zu wissen, dass die Purpurglöckchen und der Spindelstrauch mehrjährig sind und auch in Sommerbepflanzungen als Blattschmuck integriert werden können.

WIE LANGE HÄLT DAS?

Setzt man die Pflanzen in knospigem Zustand, kann man sich sechs bis acht Wochen an der Pracht erfreuen.

Die knospigen Blütenstände des Felsen-Steinkrauts schimmern bereits kräftig neben den Stiefmütterchen und Narzissen (oben links). Narzissen gibt es im Frühling in verschiedenen Blütengrößen und Formen. Das lädt dazu ein, auch mal eine gefüllte oder sehr kleinblütige Sorte auszuprobieren (links). Der Geißklee bildet Blütenstände, die an den Ginster erinnern und einen leichten Duft verströmen (oben).

ZARTE SCHÖNHEITEN MIT EXTRAVAGANZ

In dem Topftrio geben Hornveilchen ganz klar den Ton an und locken den Betrachter, der aus der Nähe Schachbrettblumen und Balkan-Anemonen entdeckt. Der Blattschmuck sorgt für einen Rahmen und schenkt der Bepflanzung Volumen.

Drei Gefäße in Betonoptik ergänzen sich zu einem kleinen Frühlingsgärtchen. Dabei setzt diese Gestaltung auf besondere Pflanzen und bietet mit dem bronzefarbenen Blattschmuck einen ungewöhnlichen Akzent zu den sonst in Altrosa und Burgunderrot gehaltenen Blüten.

Das Trio funktioniert als Empfangskomitee neben der Haustür ebenso wie als Blickfang auf der Frühlingsterrasse. Die Staffelung der Gefäßhöhen bietet die Möglichkeit, mit relativ wenigen verschiedenen Pflanzen dennoch Abwechslung in die Optik zu bekommen.

Als verbindendes Element zwischen den Kübeln dient zweifelsohne das Efeu mit seinen langen Ranken. Nicht immer bekommt man diese Pflanzen ohne Probleme in dieser langtriebigen Qualität im Handel. Dann kann man sich ganz leicht helfen, indem man Efeuranken im Garten abschneidet und sie mit Draht tief in die Erde steckt. So besteht eine ganz gute Chance, dass sie von alleine Wurzeln machen und frisch bleiben. Anderenfalls tauscht man sie einfach nochmals aus, wenn die Blätter trocken geworden sind.

WAS BRAUCHE ICH?

- 1 × Wurmfarn *(Dryopteris erythrosora)*
- 2 × Purpurglöckchen *(Heuchera*-Hybride, z. B. 'Crème Brûlée', 'Feueralarm'
- 3 × Efeu *(Hedera helix)*
- 4 × Schachbrettblume *(Fritillaria meleagris)*
- 2 × Balkan-Anemone rosa blühend *(Anemone blanda)*
- 6 × Hornveilchen (*Viola cornuta*)

Blickfänge sind der Wurmfarn und die Schachbrettblumen. Der Austrieb der Farnwedel ist bronzefarben. Erst allmählich werden die Wedel tatsächlich grün. Der filigrane Aufbau der Farnblätter kommt in dem höchsten Gefäß im Hintergrund am besten zur Geltung. Der Braunton spiegelt sich in den Purpurglöckchen wider. Bei den Schachbrettblumen handelt es sich um Zwiebelblumen, die eigentlich auf Wiesen wachsen. Sie benötigen also eine dauerhaft frische Erde. Man bekommt die Pflanzen vorgetrieben im Fachhandel. Dabei kann man es ruhig wagen, Exemplare, die noch nicht blühen, auszuwählen.

Die verschiedenen Rosatöne der Hornveilchen sorgen für eine gute Fernwirkung (oben). Erst wenn man näher herantritt, erkennt man das feine Schachbrettmuster auf den Blütenblättern, dass der Pflanze ihren Namen gegeben hat. Es handelt sich hierbei um ein echtes Kunstwerk der Natur, das man mit etwas Glück auch in der Wildnis so antrifft (oben rechts). Im Austrieb ist der Farnwedel bräunlich gefärbt, später wird er grün (rechts).

Die Knospen verstecken sich nämlich gut in den grasartigen Blättern und man hat so einfach länger etwas von dem Schmuck, der unbedingt aus der Nähe betrachtet werden will. Beim Einkauf sollte man übrigens aufpassen. Häufig sind die Triebe schon recht lang, der Topf aber eher klein und kippelig. Ein hoher Karton bzw. der liegende Transport verhindert, dass die Triebe abknicken. Die Empfindlichkeit sollte man auch bei der Bepflanzung stets im Blick haben.

Die Balkan-Anemonen, die sich ganz elegant über den Topfrand legen, öffnen ihre Blüten voll allem in der strahlenden Sonne. Daher bekommen sie am besten einen Platz an der Sonne zugewandten Seite. Sind sie verblüht, kann man die Töpfe auch gut in den Garten pflanzen. An sommertrockenen Stellen unter größeren Laubgehölzen oder unter Hecken entwickeln sich die zarten Frühlingsblüher jedes Jahr auf ein Neues. Dabei ist die Trockenheit in den Sommermonaten ein besonders wichtiger Faktor. Ebenso können der Farn und die Purpurglöckchen wiederverwendet werden. Will man eine sommerliche Topfgestaltung im Schatten arrangieren, werden sie zu guten Lückenfüllern und helfen, Geld zu sparen. Die Schachbrettblumen sind zwar auch mehrjährig, aber meist schafft man es nicht, sie dauerhaft im Garten anzusiedeln.

Die Hornveilchen sorgen für eine adäquate Fernwirkung des Gesamtarrangements. Sie sind auch die Pflanzen, die am längsten Blüten entwickeln. Damit sie gut versorgt sind, sollte man nach etwa drei Wochen an die Wurzeln ein Düngestäbchen stecken. So verhindert man, dass empfindlichere Pflanzen wie Schachbrettblume und Farn unter den Nährstoffgaben leiden. Wachsen die Hornveilchen zu weit in die Breite, kann man auch einen Rückschnit wagen.

WELCHER STANDORT?

Ein halbschattiges Plätzchen mit einigen Sonnenstunden morgens oder abends ist ideal damit die Blüten lange halten und die Pflanzen etwas Wärme bekommen, um sich gut zu entfalten.

WAS KOSTET DAS?

Der Preis für die Bepflanzung der drei Gefäße liegt bei insgesamt rund 45 Euro. Sparen kann man, indem man das Efeu als unbewurzelte Ranke steckt.

WIE LANGE HÄLT DAS?

Gut acht Wochen bereitet das Arrangement Freude, wobei es sein kann, dass gegen Ende vor allem die Hornveilchen für Blütenschmuck sorgen. Sie schaffen es problemlos, prachtvoll zu wirken.

ZWIEBELPFLANZEN IM ÜBERBLICK

Den braunen knolligen Speicherorganen sieht man kaum an, welche Schönheit und Pracht sich darin verbirgt. Aber es macht viel Spaß, die Gestaltungen für Frühling und Sommer mit ein paar Zwiebel- und Knollenschönheiten zu verfeinern.

Im Frühling bekommt man zahlreiche Zwiebelblumen vorgetrieben im Topf angeboten. Diese kann man genauso behandeln wie die anderen Pflanzen. Man braucht sich keine Gedanken zu machen, wie die Zwiebeln über den Winter kommen. Wer allerdings Spaß daran hat, ein bisschen zu gärtnern, kann mit dieser Treiberei auch selbst bereits im Herbst beginnen. Man braucht ein paar leere Töpfe, Blumenerde und natürlich die Zwiebeln. Entweder man bestellt sie im Versand oder schaut sich möglichst ab Anfang September im Fachhandel um, was es Interessantes gibt.

Meist ist dann noch nicht die Zeit gekommen, dass man Platz hat für die Treiberei. Kühl und trocken können die Beutel mit dem Blütenzauber bis Oktober gut gelagert werden. Anschließend legt man sie in die Töpfe, die man mit Moos kaschiert und idealerweise in die winterliche Gestaltung integriert, oder stellt die Töpfe an die Seite. Bei letzterer Variante ist eine sichere Abdeckung mit Maschendraht nützlich, um Mäusefraß zu verhindern.

Je größer die Zwiebeln sind, desto tiefer müssen sie in die Erde. Die Faustformel lautet zwei- bis dreimal so tief in den Topf setzen, wie die Zwiebel hoch ist.

DAS ERGEBNIS IST IMMER EINE FRAGE DER QUALITÄT

Wer Zwiebeln kauft, überzeugt sich durch optische Kontrolle von der Qualität. Ohne Schimmel und Verletzungen sollten die Speicherorgane sein und sie sollten luftig verpackt sein. Ein typischer, durchaus auch etwas größerer Knollendurchmesser lässt berechtigterweise auf

BESONDERE ZWIEBELPFLANZEN

Für das Frühjahr:

- Blauzungenlauch *(Allium karatviense)*
- Vielblütige Hyazinthe *(Hyacinthus multiflora)*
- Türkische Schachbrettblume *(Fritillaria michailovskyi)*
- Bulgarischer Lauch *(Nectasordum)*

Für den Sommer:

- Montbretie *(Crocosmia crocosmiiflora)*
- Ananasblume *(Eucomis bicolor)*
- Herzbrecher-Klee *(Oxalis triangularis)*
- Jakobslilie *(Sprekelia formosissima)*
- Knollenkresse *(Tropaeolum tuberosum)*
- Guernsey-Lilie *(Nerine bowdenii)*

Knollen für die sommerliche Topfbepflanzung bekommt man im Frühjahr. Noch sehen Ananasblume, Pfeilblatt und Begonien unscheinbar aus.

eine sich gut entwickelnde Pflanze hoffen. Ganz wichtig ist, dass man in der Zeit zwischen Einkauf und Pflanzung alle Zwiebeln und Knollen dunkel und kühl – in jedem Fall frostfrei – lagert.

GESCHÜTZT VORTREIBEN

Das Wachstum der Frühlingsblüher beginnt schon recht zeitig, wenn man es gar nicht vermutet. Deshalb ist es wichtig, dass die Töpfe nicht austrocknen und man sie regelmäßig kontrolliert. In einer Bepflanzug untergebracht, sind sie meist besser geschützt, selbst wenn man zum Frühling die Gestaltung nochmals von Grund auf erneuert.

Bei der Pflanzung von Zwiebelblumen für den Sommer hat sich eine Vorkultur bewährt, um Zeit zu sparen. Dabei sollten die Gefäße lediglich vor Frost geschützt sein, was in der Nähe des Hauses meist keine Schwierigkeit ist. Was man bei der direkten Pflanzung unbedingt berücksichtigen muss, ist die erforderliche Fläche. Die Lücke muss so groß sein, dass sich die Zwiebelpflanze problemlos entfalten kann. Bei Montbretien mit den schmalen Blättern ist das weniger bedeutend als beispielsweise bei der Ananasblume, die eine grundständige Blattrosette entwickelt.

Die Ananasblume hat charakteristische dunkle Flecken, die sich auf Blättern und Blütenstiel zeigen. Sie muss frostfrei überwintert werden.

EIN BLAUER TRAUM DES FRÜHLINGS

In der flachen Schale entfaltet sich die Schönheit von den verschiedensten Frühlingsblühern. Sie ergänzen sich und wechseln sich ab, sodass es bei dieser Kombination nicht nur um Farben und Formen, sondern auch um die Dramaturgie geht.

Noch sprudelt das Wasser nicht aus dem Stein, weil im Frühling immer nochmals Frostgefahr besteht. Also kann der Quader als Säule für die Schale genutzt werden. Mit der grauen Bleioptik des Gefäßes entsteht ein Übergang zwischen den Blütenfarben und dem Podest aus Stein. Als ob sich das Wasser doch einen Weg gebahnt hätte, sprühen die graublauen Halme des Blauschwingels in der Mitte der Schale nach oben. Sie spielen sich vor allem in den ersten Wochen in den Mittelpunkt.

Doch wenn die Sonne viel scheint, rücken bald viele andere Blütenpflanzen in den Vordergrund. So macht beispielsweise die Akelei mit ihren locker flatternden Blüten, die an einen kleinen Frühlingsvogel erinnern, auf sich aufmerksam. Besonders gut kommen die Akeleien zur Geltung, wenn sie sich von einem dunklen, möglichst ruhigen Hintergrund abheben können. Die Traubenhyazinthen recken ihre Blütenstände in die Höhe und scheinen sich geradezu in der Sonne zu rekeln. Die Hyazinthe schiebt langsam ihren dicken Blütenstand in die Höhe. Dabei verströmt sie meist schon früh ein unnachahmliches Parfüm in der Luft. Deshalb reicht es auch meist aus, nur ein Exemplar in der Schale unterzubringen. Ist es verblüht, kann man es natürlich austauschen. Für den Effekt der Nachhaltigkeit sorgen schließlich Vergissmeinnicht und Hornveilchen. Sie tanken zunächst erst mal Sonne und bilden einen ganz ruhigen Rahmen zu den Höhepunkten. Aber so soll es nicht bleiben, denn mit den steigenden Temperaturen setzt ein kräftiges Wachstum ein. Es öffnen sich nicht nur mehr Blüten, sondern es schieben sich auch bislang noch versteckte Triebe mit Knospen in die Länge und tauchen die Schale in ein blaues Meer. Am Rand des Gefäßes legen sich die Blütentriebe dann auch elegant über die Kanten.

WAS BRAUCHE ICH?

- 2 × Akelei *(Aquilegia vulgaris)*
- 5 × Vergissmeinnicht *(Myosotis sylvatica)*
- 4 × Hornveilchen *(Viola cornuta)*
- 3 × Blauschwingel *(Festuca glauca)*
- 3 × Traubenhyazinthen *(Muscari armeniacum)*
- 1 × Hyazinthe *(Hyacinthus orientalis)*

Für die Gestaltung sollte man sich Zeit nehmen, denn die Anordnung der Pflanzen will mit Bedacht festgelegt werden. Im Zentrum stehen die Gräser als kleine Fontänen aus der Mitte. Etwas dezentral, aber keinesfalls direkt am Rand finden nun die Akeleien ihren Platz. Diese Schönheiten geben der Pflanzung ihre Individualität. Als Kontrapunkt zur grazilen Gestalt der Akelei wird die Hyazinthe angeordnet, die eher schwer und vielleicht auch behäbig wirkt.

Nun folgen die Traubenhyazinthen zu den Rändern. Die Lücken werden im Wechsel mit Vergissmeinnicht und Hornveilchen bepflanzt. Dabei ist es wichtig zu wissen, dass vor allem diese beiden Pflanzen mit großzügigem Abstand platziert werden, damit sie sich gut entfalten können und das blaue Frühlingsbukett seine Natürlichkeit behält. Bei Gräsern und Akelei ist die Entwicklung unerheblich. Meist tut sich nicht sehr viel in der Zeit. Eine Ausnahme ist sehr frisches Pflanzmaterial, bei dem die Akelei noch nicht blüht.

Für die Hyazinthe macht es Sinn, einen Splintstab (langes Schaschlikholz) bereitzuhalten. Es kann sein, dass die Blüte kompakt und langsam wächst. Wenn sie aber stark wächst und lang wird, ist das Gewebe meist nicht in der Lage, die schweren Blüten zu halten. Dann stützt man den Stängel mit dem Holz ab. Dabei sollte der Stab so lang sein, dass er im Substrat gut Halt findet.

In den ersten Tagen nach der Pflanzung wird nicht zu viel Wasser benötigt. Sicher ist die Akelei gut zu versorgen. Aber im Verlauf der Wochen werden es mehr und mehr die Vergissmeinnicht und Hornveilchen sein, die Wasser benötigen – gerne einmal in der Woche mit etwas Flüssigdünger gemischt.

WELCHER STANDORT?

In Sonne entwickeln sich die Frühlingsblüher perfekt und auch zügig. Etwas langsam verläuft dieses Schauspiel im Halbschatten.

WAS KOSTET DAS?

Mit den Kosten für die Pflanzen bleibt man unter 50 Euro. Blauschwingel gehört zu den mehrjährigen Gräsern, die später in Beet und Topf wiederverwendet werden können.

WIE LANGE HÄLT DAS?

Durch die vielfältige Pflanzenauswahl hat man eine lange Blütezeit dieser Gestaltung. Wer im März pflanzt, wird daran bis Ende April Freude haben.

Das Blau der Vergissmeinnicht hat eine romantische Ausstrahlung, die kaum ein anderer Frühlingsblüher nachahmen kann (oben links). Die Blüten der Akelei flattern locker über der Gesamtgestaltung (links). Wenn die ersten Traubenhyazinthen verblüht sind, kann man Setzlinge vom Pflücksalat in die Lücken pflanzen (oben). Sie wachsen schnell und man hat immer einen Vorrat frischer Blätter für das Sandwich.

DIE ROSAROTE LUST AUF EIN FRÜHLINGSBEET

Kennen Sie das? Frühjahrsmüdigkeit auf Balkon und Terrasse. Die eine Ecke wirkt unfreundlich, die andere sieht trist und schmucklos aus. Schnappen Sie sich doch einfach einen XXL-Topf und pflanzen Sie, was Ihnen Schwung und Freude bringt.

Mit über einem halben Quadratmeter bietet der quadratische Topf eine ganz ansehnliche Pflanzfläche. Mit einer solchen Größe kann man tatsächlich schon fast von einem Beet im Topf sprechen. Denn man hat wirklich eine gleichmäßige Fläche und kein lang gestrecktes »Handtuch« wie im Kasten.

Das Motto der Pflanzenauswahl lautet Rosa in Variationen von hell bis dunkel und in einer großen Vielfalt, was die Blütenformen betrifft. Außerdem werden durch die Düfte von Goldlack, Primel und Hyazinthen die Sinne angeregt. Man atmet tief durch und füllt die Lungen mit der frischen Frühlingsluft. Das ist genau das richtige Mittel gegen Müdigkeit und Mattheit, die sich als Spuren des Winters häufig zum Beginn der neuen Saison breitmachen.

Das Gefäß in Bleigrau steht dabei vor einer Wand aus Gabionen und ist im Prinzip nur von zwei Seiten zu sehen. Daher sind die höheren Pflanzen im hinteren Bereich angeordnet und die niedrigen weiter vorne. So entstehen ein pultartiger Aufbau und eine ansprechende Höhe der Bepflanzung.

WAS BRAUCHE ICH?

- 2 × Hyazinthe *(Hyacinthus orientalis)*
- 2 × Tränendes Herz *(Dicentra spectabilis)*
- 1 × Primel 'Ooh La La!' *(Primula-*Hybride)
- 2 × Vergissmeinnicht *(Myosotis sylvatica)*
- 4 × Balkan-Anemone *(Anemone blanda)*
- 2 × Goldlack *(Erysimum cheiri)*, z. B. 'Lavender'
- 3 × Tausendschön *(Bellis perennis)*

In der Gestaltung befinden sich Besonderheiten wie die Primel 'Ooh La La!'. Sie erinnert im ersten Moment gar nicht an eine Primel, weil sie gut 30 Zentimeter hoch wird und auf kräftigen Stängeln die Blüten trägt. Schaut man die Einzelblüte an, dann erkennt man die Ähnlichkeit. Diese Blütenstände werden noch bis weit in den Sommer gebildet, was den Wert der Pflanze ausmacht. Das Laub ist sehr kräftig und steht in dichten Büscheln am Grund. So bekommen die Nachbarpflanzen Schutz.

'Ooh La La!' heißt die Primel, die in Asien gezüchtet wurde und wirklich eine kleine Sensation ist (oben). Tausendschön und Balkan-Anemone verweben sich miteinander. Die verschiedenen Rosatöne greifen das Farbenspiel der höherern Pflanzen im Topf auf (oben rechts). Das Tränende Herz bildet Blütenstände, die locker nach vorne überhängen. Jede einzelne Blüte macht dem Namen alle Ehre (rechts).

Die Hyazinthen sind klassische Formen. Wer ein Problem hat mit den dicken Trieben, die gerne umkippen, der sollte Ausschau nach Multiflora-Hyazinthen halten. Diese haben zahlreiche dünnere Triebe mit kleineren Blüten und machen den Eindruck von Wildformen (was sie aber nicht sind).

Das Tränende Herz gehört eigentlich zu den Stauden. Größere Exemplare entwickeln sich aber bereits im ersten Jahr mit zahlreichen Blüten, sodass man sie durchaus auch im Topf gut kultivieren kann. Dabei gilt es auf kräftige Triebe beim Einkauf zu achten. Allerdings braucht man auch einen guten Schutz für den Transport, denn die Pflanzen sind empfindlich und die Stängel brechen leicht.

Im Vordergrund webt sich ein Blütenteppich aus rosa blühenden Frühlingsblumen. Dazu zählen die robusten Klassiker wie Tausendschön und die aus Knollen wachsenden Balkon-Anemonen mit ihren sternförmigen Strahlenblüten. Sie mischen sich mit rosafarbenen Vergissmeinnicht, die vor allem dann, wenn die Balkan-Anemone verblüht ist, die Führung übernimmt.

Eher dezent im Hintergrund steht der lilafarbene Goldlack. Neben seinem feinen Duft schmückt er sich wochenlang mit den kleinen lilablauen Blüten. Die Schoten entfernt man, damit sich immer neue Blütenknospen entwickeln. Die Pflanzen kann man in den Garten setzen und meist verzaubern sie die Beete im darauffolgenden Frühjahr nochmals mit den lilablauen Blüten.

In der Phase, wenn die Anemonen abgeblüht sind, muss man eventuell mal etwas gründlicher die ganze Gestaltung ausputzen oder sorgar die Pflanzen komplett herausnehmen. Als Ersatz wird Tausendschön gepflanzt.

Gegossen wird die Gestaltung in regelmäßigen Abständen, wenn die Erde anfängt, trocken zu werden. Bei feuchter Witterung ist das nicht allzu häufig, da Regen auf natürliche Weise die gesamte Fläche gut durchfeuchtet.

WELCHER STANDORT?

Ein halbschattiger Standort ist perfekt für das Arrangement, weil die Blüten allmählich erblühen und sich als haltbar erweisen. Im Schatten sollte man nicht zu kleine Pflanzen verwenden.

WAS KOSTET DAS?

Rund 60 Euro muss man in diesen Muntermacher investieren. Die Tränenden Herzen können im Garten gepflanzt werden und die Primel zeichnet sich durch eine Blüte bis zum Sommer aus.

WIE LANGE HÄLT DAS?

Sechs bis acht Wochen bewährt sich die Blütenpracht, wobei sommerliche Temperaturen die Entwicklung beschleunigen. Ebenso ist Kälte eine Verzögerung.

VIELFALT IM SOMMER

Die Möglichkeiten der Gestaltung sind gerade in dieser Jahreszeit unermesslich, weil das Pflanzenangebot von tropischen Schönheiten über Kräuter und Gemüse bis zu den Balkonklassikern reicht. Umso wichtiger ist es, jetzt eine Idee zu verfolgen und diese gezielt umzusetzen.

GRÜNER DAUMEN TRIFFT ROSAROTE BRILLE

Der Blütenmix in unterschiedlich kräftigen Rosatönen setzt auf Bewährtes und Neues, Großblumiges und Zartblütiges, robuste und anspruchsvollere Pflanzen. So entsteht eine Blütenwolke, die das sommerliche Blumenbeet übertrifft.

Ein mobiler Garten mit unterschiedlichen Gefäßen hat den Vorteil, dass man den einzelnen Ansprüchen der Pflanzen gerecht werden und ihnen zudem ausreichend Platz zum Entfalten bieten kann. So ist beispielsweise bei diesem Topftrio die Spinnenblume in einem eigenen Topf. Das Positive daran ist, dass sich der Wurzelballen entfalten kann, ohne andere Pflanzen zu bedrängen. Auch der etwas höhere Wasserbedarf lässt sich in dem separaten Gefäß leicht bedienen.

Die Spinnenblume hat mit ihrem buschigen, hohen Wuchs in dem eher niedrigen Gefäß sich in der Höhe den anderen Pflanzen anzupassen und nicht alles zu überragen. Die Mandevilla, hier in einem Topf mit Eisenkraut und Geranie, hat einen deutlich geringeren Wasserbedarf, was auch für die anderen beiden Pflanzen zutrifft. Gleichzeitig ist der Nährstoffbedarf relativ hoch, denn diese Pflanzen zählen zu den zuverlässig reichblühenden Arten im Repertoire der Balkonpflanzen. Die Mandevilla legt ihre Triebe um einen Bambusbogen, sodass die Blüten gut zur Geltung kommen.

WAS BRAUCHE ICH?

- 1 × Spinnenblume 'Señorita Rosalita' *(Cleome spinosa)*
- 1 × Elfensporn *(Diascia*-Hybride)
- 2 × Eisenkraut *(Verbena*-Hybride)
- 1 × Mandevilla 'Sundaville Cream Pink' *(Mandevilla*-Hybride)
- 2 × Geranie *(Pelargonium*-Hybride)
- 2 × Petunie *(Petunia*-Hybride)
- 2 × Fuchsschwanzklee *(Trifolium rubens)*

Im hohen Gefäß hinten machen sich neben Petunien auch der Fuchsschwanzklee sowie Elfensporn breit. Die Blütenstände sind eher filigran und werden in dem höchsten der drei Gefäße auf eine Ebene mit Mandevilla und Spinnenblume gebracht.

Der rostige Look der Gefäße bringt einen schönen Kontrast für die hellrosa Blüten, sodass sie sich gut abheben. Gleichzeitig wird die Einheit betont und dem munteren Treiben der Blüten am Rande des Holzdecks ein angenehm ruhiger Pol entgegengesetzt. So wird die Wirkung der Gestaltung abgerundet.

Pure Sommerfreude entsteht mit diesem Blütenmix, für den eine Blumenerde mit Langzeitdünger ideal ist. Das größte Gefäß muss dabei im Grunde nur in der oberen Hälfte bzw. im oberen Drittel mit Substrat gefüllt werden. Da in diesem Topf eher kleine Pflanzen wachsen, reicht dieses Erdvolumen aus, damit sich die Pflanzen gesund und typisch entwickeln.

Gepflanzt wird alles nach den Eisheiligen, wobei man darauf achten sollte, dass die Pflanzen, bis sie eingewachsen sind, etwas regengeschützt aufgestellt werden. Wenn das Wachstum noch nicht auf vollen Touren läuft, ist der Verbrauch geringer und ein vernässtes Substrat verhindert, dass das Wachstum in Gang kommt.

Meist zeigt sich in den ersten Wochen der Elfenspiegel von seiner attraktiven Seite. Die Blütenstände sind noch kompakt, später wachsen sie sich aus und geben der Pflanze irgendwann ein strubbeliges Aussehen. Dann ist der Zeitpunkt gekommen, dass man zur Schere greift und sie einmal zurückschneidet, um einen Neuaustrieb heranreifen zu lassen.

Ansonsten werden nur welke Petunienblüten abgezupft und abgeblühte Blütenstände der Geranien ausgebrochen. In einem warmen Frühsommer ist der Nährstoffvorrat spätestens Anfang August aufgebraucht. Jetzt heißt es, wöchentlich eine niedrige Dosis Blühpflanzendünger ins Gießwasser zu geben, damit der Blütenreichtum erhalten bleibt.

Der Fuchsschwanzklee erschöpft seine Blühreserven im Laufe des Hochsommers. Ebenso kann es sein, dass der Elfensporn schwächelt. Dann heißt es, Ersatz zu suchen und beispielsweise Herbst-Sedum, Kosmeen oder Zinnien in hellem Rosa einzupflanzen. Sie fügen sich rasch in die Gestaltung ein.

WELCHER STANDORT?

Ein sonniger, warmer Standort ist ideal. Gleichzeitig muss man auf eine gleichmäßige Bewässerung achten, damit vor allem die Polsterpflanzen immer gut versorgt sind.

WAS KOSTET DAS?

Mit etwa 50 Euro bekommt man alle Pflanzen, die für das Topftrio erforderlich sind. Für den Austausch im Sommer sollte man zehn Euro rechnen.

WIE LANGE HÄLT DAS?

Die Kombination hält in dieser Form zunächst gut zwei Monate. Anschließend sind meist der Fuchsschwanzklee und der Elfensporn abgeblüht und sollten ersetzt werden. Die Mandevilla kann kühl und geschützt überwintert werden.

Durch die unterschiedlichen Topfhöhen und die verschieden hohen Pflanzen schweben alle Blüten schließlich auf einer Ebene (oben links). Die Fruchtstände der Spinnenblume erinnern an Spinnenbeine und geben dem Blütenstand etwas Filigranes (links) Die Blüten der Petunien sind von Natur aus klebrig. Man zupft sie mit den Fingern ab und verhindert, dass sie braun zwischen den Knospen haften (oben).

DIE LEICHTIGKEIT EINER SOMMERWIESE

Mit einem natürlichen, sehr lockeren Wuchs startet diese Bepflanzung in den Sommer und hält sich über viele Wochen bis in den Herbst. Dabei spielt sie mit sanften Farben und schlichten Formen, ohne aufdringlich zu werden.

Sanft wiegt sich das Engelshaar im Sommerwind und gibt beim Blick auf das Gefäß immer schon eine kleine Witterungsbeschreibung mit. Die Wiese ist ein Traum – den nicht nur Gartenbesitzer hegen. Jeder, der als Kind über eine blühende Sommerwiese getobt ist oder seine ersten romantischen Begegnungen im Schutz des Wiesengrases hatte, kennt diese Sehnsucht nach Unbeschwertheit, die mit der Wiese verknüpft wird. Nun ist es ein kleines Meisterwerk, eine Wiese nachhaltig und gut anzulegen. Mit dieser Gestaltung kommen sie sicherlich auch meisterlich groß raus, aber dafür braucht es kein Studium und auch keine besonderen Handgriffe.

Bei der Pflanzenauswahl haben sich Pflanzen zusammengefunden, die von ihren Eigenschaften den Wiesenpflanzen ähnlich sind. Dabei steht das Engelshaar, auch als Zartes Federgras bekannt, natürlich an erster Stelle. Denn was wäre eine Wiese ohne Gras? Mit seinen filigranen, flauschigen Blütengrannen und dem Laubschopf, der sich aus feinen Haaren zusammenzusetzen scheint, verkörpert es den Inbegriff von Gras wie kaum eine andere Pflanze aus dieser Kategorie. Aber das allein macht noch keine Wiese. Dazu gehören ungefüllte, schlichte Blütenpflanzen. Im Mittelpunkt steht hierbei der Storchschnabel. Es handelt sich um eine Staude, die ihre Triebe zwischen allen Pflanzen im Gefäß verwebt. Im Laufe des Jahres wird sie immer dichter und ständig erscheinen neue Knospen. Die Triebe wachsen aber lagernd und verwurzeln nie im Erdreich. So kann man auch mal einzelne Triebe wegschneiden, die lästig sind. Ebenso beständig in der Blütenbildung zeigt sich die Prachtkerze, deren Sorten in Wuchs und Blütenfarbe variieren.

WAS BRAUCHE ICH?

- 1 × Storchschnabel 'Roxanne' bzw. 'Jolly Bee' *(Geranium-*Hybride)
- 5 × Engelhaar *(Nasella tenuissima)*
- 3 × Zottiger Ziest *(Stachys monieri* 'Hummelo')
- 4 × Prachtkerze *(Gaura lindheimeri)*
- 5 × Spanisches Gänseblümchen *(Erigeron karvinskianus)*

Die Blütenkerzen des Ziests leuchten in der ersten Sommerhälfte zwischen den Gräsern (oben). So sieht das Arrangement aus, nachdem es sich gut acht Wochen entwickelt hat. Die Gräserähren erinnern an frisch sprühende Wasserfontänen, die in den heißen Sommerwochen erfrischend wirken (oben rechts). Das Spanische Gänseblümchen sieht der bei uns wild wachsenden Variante sehr ähnlich (rechts).

In dieser Gestaltung findet die einfache Form Verwendung, weil sie sich zwischen den Gräserhalmen in die Höhe schiebt und mit den eher kleinen weißen Blüten einen unnachahmlichen, natürlichen Charme besitzt. Auch bei dieser Pflanze handelt es sich um eine Staude. Die welken Blüten fallen ganz von alleine ab, sind aber nicht lästig rieselnd.

In die Lücken wird Ziest gepflanzt, der mit seinen purpurvioletten Blütenkerzen ein wahrer Magnet für Bienen und Hummeln ist. Er blüht von Juni bis August. Anschließend macht es Sinn, die Blütenstände mit einer Schere zu entfernen. Wichtig ist, dass man die Pflanzen an den Rand setzt. Die Blätter, die relativ weit unten sitzen, bekommen so ausreichend Licht, damit sich die Pflanze kräftig entfalten kann.

Das Spanische Gänseblümchen kann man dazwischen setzen, damit es sich über die Ränder legt. Es sät sich gerne in Fugen und Ritzen in der Nachbarschaft aus. Wer das nicht möchte, sollte auf die Pflanze verzichten.

Als Substrat sollte eine strukturstabile Kübelpflanzenerde verwendet werden, damit man die Bepflanzung in den zweiten Sommer hinüberretten kann. Wobei für eine Überwinterung wichtig ist, dass man die Schale nicht im Herbst zurückschneidet, sie mit Tannenreisig abdeckt und vielleicht sogar alle ein bisschen in den Schutz des Hauses stellt. Das dient vor allem dem winterlichen Wassermanagement. Das Engelshaar verträgt dauerhafte Nässe nämlich nicht so gut und wird rasch faulig von unten. Gegebenenfalls mischt man bei der Pflanzung etwas Sand unter, um einen guten Wasserabzug zu gewährleisten. Im zweiten Jahr kann man im Sommer der Kombination für sonnige bis halbschattige Plätze etwas Flüssigdünger zusammen mit dem Gießwasser geben. Insgesamt stellt sich die Bepflanzung als pflegeleicht dar.

WELCHER STANDORT?

Ein sonniger Standort wird ebenso gut vertragen wie ein halbschattiger Platz. In der Sonne wird die Blütenbildung positiv beeinflusst und gleichzeitig trocknet die Erde immer wieder ab.

WAS KOSTET DAS?

Mit 80 bis 90 Euro muss man für die Pflanzen rechnen, wobei man den Aspekt der Mehrjährigkeit im Auge behalten sollte.

WIE LANGE HÄLT DAS?

Die Blütenpracht dauert vom Frühsommer bis in den Herbst. Meist zieht der Storchschnabel erst Ende November ein. Im nächsten Jahr treibt alles neu aus, so die Überwinterung gelungen ist.

NACHHALTIGKEIT DURCH MEHRJÄHRIGE

Stauden und Gehölze entfalten sich prachtvoll, wenn die Gefäße ausreichend Platz für die Wurzeln bieten. Mittlerweile werden speziell für die Topfbepflanzung Pflanzen angeboten, die nach der Saison nicht weggeworfen werden müssen.

Da das Angebot an Pflanzen immer mehr von der Schönheit bestimmt wird und große Töpfe gute Wachstumsbedingungen für diese Gewächse bieten, verschwimmen viele Grenzen. Das Repertoire der klassischen Balkonpflanzen wird vom Frühling bis in den Herbst immer öfter durch Stauden und Gehölze bereichert. Das ist vor allem attraktiv, weil Gartenpflanzen so auch im mobilen Garten eine immer größere Rolle spielen. Entscheidend sind lange Blühzeiten und/oder besondere Früchte, damit die Wirkung gewiss ist.

Storchschnabel 'Roxanne' (links) mit blauen Blüten und Wolfsmilch mit grünem Frühlingsflor (rechts).

SCHUTZ IM WINTER UND IM FRÜHLING FRISCHE ERDE

Natürlich können diese Stauden und Gehölze auch länger im Topf kultiviert werden. Wichtig sind jedoch zwei Aspekte, die die Pflege betreffen. Im Winter muss zum einen der Wurzelballen vor Kälte geschützt sein. Zum anderen muss im Frühling die Erde ausgetauscht werden, damit die Pflanzen sich im zweiten Jahr gut entwickeln können.

Beim Winterschutz geht es darum, dass die Wurzeln nicht durchfrieren sollen. Gleichzeitig sollte auch im Spätwinter mit einer Schattierung dafür gesorgt werden, dass die Pflanzen nicht zu früh austreiben und dadurch frostgefährdet sind. Hinsichtlich des Substrates sollte man auf jeden Fall ein strukturstabiles Kübelpflanzensubstrat verwenden. So sackt die Erde nicht so stark zusammen. Aber in jedem Fall muss im Frühjahr eine Auffrischung her. Dabei kann man jedes zweite Jahr die Pflanzen herausnehmen, gegebenenfalls teilen und neu pflanzen. In dem anderen Jahr gibt man vor dem Austrieb reife Komposterde oder eine humusreiche Blumenerde auf die Pflanzen. So ist für den Start die Nährstoffversorgung gesichert. Wenn der Austrieb erfolgt ist, kann Langzeitdünger gegeben werden, damit den ganzen Sommer über genügend Nährstoffe zur Verfügung stehen.

Attraktiver Fruchtschmuck: Ein Zierapfel entwickelt aus den Blüten kleine Früchte (links). Lampionblume im Herbst mit Blüte und Frucht (rechts).

IM GARTEN FOLGT DIE ZWEITE KARRIERE

Eine ganze Reihe von Mehrjährigen, die für den Topf kultiviert und angeboten werden, entwickeln nur in einer Jahreszeit einen Höhepunkt. So blüht das Lungenkraut nur im Frühling, die Lampionblume dagegen hat im Herbst ihren Höhepunkt. Es ist also nicht attraktiv, diese Pflanzen im Topf zu belassen. Für den Kompost sind die intakten Pflanzen aber auch zu schade.

Diese Stauden und Gehölze werden in den Garten gepflanzt oder anderen Gartenbesitzern geschenkt. Wichtig ist, dass man den Namen weiß, um sich zu informieren, welcher Standort dauerhaft optimal ist.

Schneefelberich *(Lysimachia clethrodes* 'Autumn Snow') trumpft im Herbst mit seinen weißen Blütenkerzen auf. Ein dezenter Schwung ist typisch.

MEHRJÄHRIGE FÜR DEN TOPF

- Braunelle *(Prunella grandiflora)*
- Pflaumen-Fetthenne *(Sedum cauticolum)*
- Gelenkblume *(Physostegia*-Virginiana-Hybriden)
- Katzenminze *(Nepeta*-Hybriden)
- Bartblume *(Caryopteris × clandonensis)*
- Blauraute *(Perovskia*-Hybride)
- Zwerg-Sommerflieder 'Buzz' *(Buddleja davidii)*

EINE KÜHLE STIMMUNG MIT ÜBERRASCHUNG

Die weißen Blüten fügen sich mit viel Eleganz in jede Garten- oder Balkonsituation ein und sorgen für Erfrischung. Dabei ist die Kombination gut geeignet, um sich in der prallen Sonne über die Topfränder hinweg zu entfalten.

Das Topftrio hat eine ganze Reihe von Vorzügen, denn man kann sie locker arrangieren, mal die Anordnung verändern und bei allem sind etwas kleinere Töpfe leichter zu heben. Die Oberfläche ist einem rostigen Gefäß nachempfunden und stellt zu den weißen Blüten einen kräftigen Kontrast dar, ohne sich übermäßig in den Vordergrund zu schieben.

Bei der Pflanzenauswahl ist das Augenmerk vor allem auf eine große Formenvielfalt der Blüten gelegt worden. Das beginnt bei den kleinen Blüten von Schneeflockenblumen und Zauberschnee. Sommer-Löwenmaul zeigt sich durch den imposanten kerzenförmigen Blütenstand schon stattlicher und auch das Wandelröschen bildet mit den kleinen Blütchen ein flaches Köpfchen mit einer entsprechenden Fernwirkung. Richtig groß sind dann die trichterförmigen Blüten der Petunien. Der Jasminblütige Nachtschatten besitzt dagegen etwas kleinere Blüten, die als Blütenstand zu kleinen weißen Wölkchen verschmelzen. Erst bei genauem Hinsehen erkennt man die weißen Sternblüten mit der charakteristischen gelben Mitte.

WAS BRAUCHE ICH?

- 1 × Sommer-Löwenmaul, weiß blühend *(Angelonia angustifolia)*
- 3 × Zauberschnee *(Euphorbia hypericifolia* 'Diamond Frost')
- Schneeflockenblume *(Chaenostoma cordatum,* syn. *Sutera cordata)*
- Petunie *(Petunia*-Hybride)
- Wandelröschen *(Lantana*-Camara-Hybride)
- Jasminblütiger Nachtschatten *(Solanum laxum,* syn. *S. jasminoides)*
- 2 × Ananaslilie *(Eucomis bicolor)*

Der Blickfang schlechthin ist dann in der zweiten Sommerhälfte die Ananaslilie. Sie wird bei der Pflanzung als Zwiebel im Frühsommer gelegt (siehe auch Seite 20 f.). Dabei schieben sich zunächst die Blätter nach oben und in der Mitte dann der an die Ananas erinnernde Blütenstand mit dem grünen Laubschopf am Ende. Er ist Namensgeber für den zweiten volkstümlichen Namen: Schopflilie. Die Blüten öffnen sich von unten nach oben, sodass das Schauspiel viele Wochen anhält.

Beim Arrangieren sollte man auf eine bunte Mischung achten, dass also die wiederkehrende Verwendung einzelner Pflanzen wie eine verbindende Klammer wirkt und sich die Einzeltöpfe als Ensemble präsentieren.

In der Pflege erfordert dieses Gefäß etwas mehr Aufmerksamkeit. Zunächst sollte ein Langzeitdünger im Substrat enthalten sein, damit die Beet- und Kübelpflanzen von Anfang an gut versorgt sind. Ab Mitte bis Ende Juli kann man entweder nochmals etwas Dünger zwischen den Pflanzen verteilen oder aber immer etwas Flüssigdünger ins Gießwasser geben.

Zwar sollte die Erde immer mal wieder ein wenig von oben abtrocknen, aber der Ballen darf auf keinen Fall vollkommen durchtrocknen. Das nimmt vor allem das Sommer-Löwenmäulchen übel. Auch bei der Schneeflockenblume kann es schnell mal zu Welke durch Trockenheit kommen, diese ist jedoch in den meisten Fällen gut reversibel. Durch den relativ hohen Wasserbedarf dieser Pflanzung macht es Sinn, die Töpfe auch bei kurzfristiger Abwesenheit lieber etwas schattiger zu stellen oder mit umgedrehter PET-Flasche als Reservoir auszustatten.

Die welken Petunienblüten werden regelmäßig ausgezupft, damit die braunen Blüten den klaren Eindruck nicht trüben. Sie fühlen sich ein bisschen klebrig an, weshalb sie auch gerne am Laub hängen bleiben. Dieses ist ganz normal und ein Grund, sich über Schädlinge keine Sorgen zu machen. Ebenso ist es für die Entwicklung der Wandelröschen förderlich, dass man die abgeblühten Blütenstände abknipst. Die neuen Blütenanlagen entwickeln sich deutlich schneller. Der Sommerschnee kann durchaus im Hochsommer mal einen Rückschnitt vertragen, damit der Wuchs kompakt bleibt.

WELCHER STANDORT?

Es ist eine Kombination von reinen Sonnenanbetern. Sie alle entwickeln sich in der Wärme gut, man darf aber das Gießen nicht vergessen.

WAS KOSTET DAS?

Die Bepflanzug für alle drei Gefäße zusammen kostet rund 45 Euro. Es sind mit Wandelröschen, Ananasblume und Jasminblütigem Nachtschatten Pflanzen dabei, die man leicht überwintern kann.

WIE LANGE HÄLT DAS?

Es handelt sich um eine ausgesprochen lang blühende Kombination. Einzig das Sommer-Löwenmaul kann nach zwei Monaten etwas schwächeln, dafür gesellt sich die Ananasblume dazu.

Die winzigen Blüten der als Sommerschnee bekannten Wolfsmilch 'Diamond Frost' bilden duftige Blütenwolken, die der Pflanzung Volumen verleihen (oben links). Die Ananaslilie schiebt sich im Laufe der ersten Sommerhälfte in die Höhe und blüht viele Wochen (links). Der Jasminblütige Nachtschatten braucht die Wärme zur Blütenbildung. Die unzähligen Knospen sind vielversprechend (oben).

DIE ZARTE ELEGANZ VON BLAU UND GRAU

In den hohen Bleigefäßen schafft man einen platzsparenden Eyecatcher. Die aufrechten und überhängenden Wuchsformen der verwendeten Pflanzen unterstreichen die Formensprache der Töpfe.

Im Mittelpunkt der Gestaltung steht bei diesem Topfduo zunächst der Rittersporn, der zu den Stauden, also den mehrjährigen Gartenblumen, zählt. Seine Rispen in dem reinen Stahlblau bestimmen die Situation eindrucksvoll. Doch in seiner Begleitung ist der mehrjährige Bleiwurz, der sich im Hintergrund in Stellung bringt. Er gibt dem Emsemble auch dann noch eine gute Ausstrahlung, wenn der Rittersporn seinen Zenit überschritten hat und deshalb zurückgeschnitten wird. Der Bleiwurz zählt zu den Seltenheiten, die man in einigen Staudengärtnereien bekommt, wohl aber nicht an jeder Ecke. Daher sind die Bedürfnisse der Staude auch weniger bekannt. Im Grunde ist die Pflanze, die bis in den Oktober immer wieder die schönen blauen Blüten bildet, robust und pflegeleicht. Nur in der Verwendung als mehrjährige Pflanze muss man einen Frostschutz im Winter geben, denn die Kältetoleranz ist nicht hundertprozentig gegeben.

Als dritte Blütenpflanze macht sich in den Lücken eher niedrig wachsend das Männertreu breit. Es ist eine klassische Balkonpflanze, die eine natürliche Ausstrahlung hat. Mit der Blütenfarbe reiht sie sich perfekt in das monochrome Spiel von Rittersporn und Bleiwurz ein.

Nun wird zur Auflockerung silbriger Blattschmuck ergänzt. So entsteht eine Verbindung zwischen den hohen Gefäßen, deren Oberflächen wie Blei wirken, und den verschiedenen blauen Blüten. Im Hintergrund baut sich die Zwerg-Silberraute auf und im Vordergrund sprüht wie eine kleine Wasserfontäne der Blauschwingel. Über den Topfrand ergießt sich der Silberregen, der im Laufe des Sommers dichter wird. Die Triebe wachsen ganz gerade nach unten und greifen so nochmals die gerade Linie der hohen Töpfe auf.

WAS BRAUCHE ICH?

- 2 × Rittersporn *(Delphinium*-Hybride)
- 3 × Männertreu *(Lobelia erinus)*
- 1 × Bleiwurz *(Ceratostigma willmottianum)*
- 1 × Zwerg-Silberraute *(Artemisia schmidtiana* 'Nana')
- 1 × Blauschwingel *(Festuca glauca)*
- 2 × Silberregen *(Dichondra argentea)*

Rittersporn (oben) hat ein klares Königsblau. Da können nur wenige Pflanzen mithalten. Das Männertreu (oben rechts) zählt dazu, denn die kleinen Blüten sind unvergleichlich in der Leuchtkraft. Silbriger Blattschmuck bringt die Kombination zum Strahlen (rechts). Neben Zwerg-Silberraute, Blauschwingel und Silberregen können das auch Mauerpfeffer 'Weiße Tatra' (im Foto unten links) und Wollziest (oben).

Die beiden Töpfe sind ein Duo mit viel Eleganz. Vor dem Bepflanzen macht es Sinn, zum Beschweren tatsächlich Kieselsteine in das untere Drittel zu füllen. So garantiert man in jedem Fall einen festen, sicheren Stand.

Als Substrat ist auf jeden Fall ein hochwertiges Produkt zu wählen, das eine gute Wasserspeicherfähigkeit besitzt. Alle Pflanzen benötigen zudem regelmäßig Nährstoffe, weshalb ein Langzeitdünger Sinn macht.

Was die Pflege betrifft, ist das Ensemble relativ unkompliziert. Der Rittersporn sollte regelmäßig ausgeputzt werden. Das hat nicht nur optisch ästhetische Gründe. So besteht auch die Chance, dass er neue Blütenstiele bildet. Das sogenannte Remontieren, also die Neubildung von Trieben, ist typisch für die höheren Sorten der Gartenkultur. Es kann so gefördert werden und es geht keine Kraft in die Bildung von Früchten und Samen.

Für Männertreu ist es nicht untypisch, dass es sich in den ersten Wochen verausgabt und dann in der Blühwilligkeit sichtbar abnimmt. Dann greift man zur Schere und kürzt es deutlich ein, um den Neuaustrieb und frische Blüten zu provozieren. Hat man Langzeitdünger im Substrat, sind keine weiteren Nährstoffgaben erforderlich. Anderenfalls sollte man unbedingt darauf achten, dass man etwas Flüssigdünger mit ins Gießwasser gibt.

Der Silberregen kommt in der sommerlichen Wärme gerne in Fahrt und wächst kräftig. Triebe, die zu lang sind, können ohne Schwierigkeit einfach abgeschnitten werden. Meist wird die Schnittstelle schnell überwachsen.

Der Bleiwurz überwintert an einer geschützten Stelle. Ideal ist es, wenn man den Wurzelballen im Erdreich eingraben kann und dann mit Tannenreisig die Triebe abdeckt. Bleibt er im Topf, darf man nicht vergessen zu gießen.

WELCHER STANDORT?

Ein sonniger Standort ist ideal, allerdings sollten die Pflanzen nicht in der prallen Hitze stehen, sondern durchaus an einer durchlüfteten Stelle mit etwas Luftfeuchtigkeit.

WAS KOSTET DAS?

Die Kosten liegen bei circa 40 Euro für alle Pflanzen. Bis auf den Silberregen ist der Blattschmuck winterhart, bedingt auch der Bleiwurz.

WIE LANGE HÄLT DAS?

Rittersporn hält gut vier bis sechs Wochen – je nach Entwicklungszustand beim Kauf. Die anderen Pflanzen blühen jedoch noch bis in den Oktober.

MOBILER GEMÜSEGARTEN AUF KLEINSTEM RAUM

Manchmal muss man es einfach einmal ausprobieren, wie es sich anfühlt, wenn man die Kräuter aus eigener Ernte zum Kochen holen kann und wie die Tomaten schmecken, wenn sie warm von der Sommersonne gepflückt und gegessen werden.

Ein Gemüsegarten zählt zu den arbeitsintensiven Gartenformen. Aber dafür ist es ein großer Reiz, selbst mal ein bisschen was anzubauen. Und so bietet der mobile Garten hier ungeahnte Möglichkeiten. Das liegt vor allem an den großen Töpfen mit einem großzügigen Erdvolumen. Es verhindert, dass sich das Substrat zu stark aufheizt und gleichzeitig schnell abtrocknet. So kann man in einem länglichen Kasten etwas Gemüse und Kräuter für den täglichen Gebrauch anpflanzen.

Die Saison für die gezeigte Pflanzenauswahl beginnt frühestens Mitte bis Ende Mai. Dann ist es aber für einige Kräuter doch noch ein wenig kühl und auch Tomate sowie Chili leiden unter der meist noch deutlich vorhandenen Nässe. Also ist es durchaus eine Alternative, bereits Anfang März den kleinen Nutzgarten anzulegen. Zuerst wird die Fläche Radieschen, Mairüben und Frühlingssalaten überlassen. Diese Arten werden durch Aussaat in die Erde gebracht. Auch ein Schnittlauch und etwas Kerbel können schon frühzeitig ins Freie. Wenn die erste Ernte erfolgt ist, können die freien Flächen nach und nach bepflanzt werden, wobei vor allem Koriander, Tomate und Chili zu den letzten Arten gehören, die neu gepflanzt werden. Sie profitieren von der wärmeren Witterung und entwickeln sich daher wesentlich besser.

Von der Gestaltung her werden die hohen Pflanzen in den Hintergrund platziert und die niedrigen an den vorderen Rand des großen Gefäßes. So werfen sich die Pflanzen gegenseitig keinen Schatten, der das Wachstum hemmt und den Früchten die Möglichkeit zum Reifen nimmt.

WAS BRAUCHE ICH?

- Tomate, kleinfrüchtig *(Lycopersicon esculentum)*
- Minze *(Mentha × piperita)*
- Zitronen-Tagetes *(Tagetes lemmonii)*
- Koriander *(Coriandrum sativum)*
- Schnittlauch *(Allium schoenoprasum)*
- Petersilie *(Petroselinum crispum)*
- Chili *(Capsicum annuum)*
- Rosmarin *(Rosmarinus officinalis)*
- Kerbel *(Anthriscus cerefolium)*
- Oreganum *(Origanum vulgare)*

Das große Gefäß sollte mit einer hochwertigen Blumenerde befüllt sein, wobei der Nährstoffgehalt des Substrates eher normal bis gering sein sollte. Das hängt damit zusammen, dass die Kräuter eher wenig Dünger brauchen, damit die Blätter langsam wachsen und reich an Aromastoffen sind. Tomaten und Chili können mehr Nährstoffe vertragen, die man in Form von Langzeitdüngekegeln in der direkten Nähe in das Substrat drückt. So ist die Verteilung der Nährstoffe an die Bedürfnisse der Pflanzen angepasst. Ebenso wichtig sind eine gute Durchlüftung des Substrates und ein gutes Pufferungsvermögen für Wasser, damit sowohl Kräuter als auch Gemüse immer gut versorgt sind und gesund wachsen können.

Die Pfefferminze hat den Drang, sich durch Ausläufer auszubreiten. Daher ist es sinnvoll, der Ausbreitung vorzubeugen. Man setzt in den Topf einen größeren Eimer, der im Boden kleine Löcher hat, die das Abfließen von Wasser ermöglichen. In dieses Gefäß nun Substrat füllen und die Pfefferminze einfüllen.

Bei der Ernte von Kräutern sollte man zwei Punkte beachten. Der erste Aspekt ist der Zeitpunkt der Ernte. Für die meisten Kräuter gilt, dass die Blätter vor der Blüte aromatischer sind. Bei Kerbel und Koriander bricht man die Blütenstände frühzeitig heraus, um die Blüte zu verhindern. Es ist mehr Geschmack in den Blättern, wenn die Stoffwechselaktivität angelaufen ist – also frühestens ab Mittag. Der zweite Aspekt ist die Optik, denn es macht Sinn, dass bei so einem Arrangement der Wuchs ansehnlich bleibt. Erntet man die Spitzen, verzweigt sich die Pflanze gut und wächst buschig. Man kann dann auch einzelne Triebe tief unten schneiden und die Durchlüftung wieder verbessern.

WELCHER STANDORT?

Ein sonniger, gut durchlüfteter Standort ist ideal, damit Kräuter und Gemüse gut wachsen und sich keine Schädlinge breitmachen.

WAS KOSTET DAS?

Etwa 35 Euro kosten die Pflanzen für das mobile Gemüsebeet. Etwas günstiger wird es, wenn man die exotischen Arten durch Salatsetzlinge ersetzt.

WIE LANGE HÄLT DAS?

Diese Nutzgartengestaltung hält den ganzen Sommer über. Wird die Witterung im Herbst feucht und nass, ist die Saison aber gewiss vorbei. Dann heißt es alles abernten und verarbeiten bzw. trocknen und einfrieren als Vorrat.

Kerbel muss möglichst vor der Blüte verwendet werden, weil er so lange das typische Aroma in Suppen und Soßen bringt (oben links). Rosmarin erntet man von der Spitze, damit sich die Pflanze gut verzweigt und buschig wird. An geschützten Plätzen ist das mediterrane Gewürz winterhart (oben). Chili sind nicht nur eine sehr kräftige Würze, sondern auch ein toller Blickfang zwischen dem Kräutergrün (links).

SNACKS ZUM NASCHEN, WÜRZEN UND ALS DEKO

Ein paar essbare Pflanzen sind eine schöne Auflockerung für jeden mobilen Garten, weil man noch so ein kleines Extra hat. Und sogar Gemüse wird in der Umgebung von Blütenpflanzen zu einem schönen Blickfang.

Ein mobiler Garten ist die ideale Möglichkeit, um selbst ein bisschen Gemüse anzubauen. Das fängt mit der Aussaat von Radieschen und Baby-Leaf-Salaten im Frühling an und hat mit der Ernte von eigenen Schlangengurken, Staudensellerie und Mangold seinen Höhepunkt erreicht. Es zeigen sich hierbei die Vorteile des mobilen Gartens in XXL-Gefäßen, die ein großes Erdvolumen mitbringen. So kann das Gemüse gut einwurzeln und sich versorgen. Gerade mit Kindern ist es ein tolles Erlebnis, wenn sie sehen, wie Zuckerschoten, Karotten und Paprika wachsen. Mit einem Mal ist das gesunde Naschen ein Riesenspaß und die Gummibärchen schauen in die Röhre. Ebenso ist der Singlehaushalt mit einem Selbstversorgertopf gut aufgestellt. Man hat immer etwas frisches zu Hause, muss sich aber um die Lagerung keine Sorgen machen, denn geerntet wird nach individuellem Bedarf.

Die Zitronen-Tagetes überzeugt durch filigranes Laub (links). Die Minze ist ein Insektenmagnet (rechts).

DAS RICHTIGE SUBSTRAT ALS ERFOLGSREZEPT

Für Gemüse gibt es Spezialerden. Das hat zwei Gründe. Zum einen wird so dafür gesorgt, dass die Pflanzen optimal versorgt sind. Gerade das im Sommer sehr beliebte Fruchtgemüse von A wie Aubergine bis Z wie Zucchini braucht reichlich Nährstoffe, und zwar nicht nur Stickstoff, um die Kraft für die Fruchtbildung zu haben. Darüber hinaus ist es nicht gut, wenn die Pflanzen trocken werden, daher sollte die Erde Wasser gut speichern können. Zuschlagstoffe wie Perlite und Vermiculite sorgen für eine gute Durchlüftung des Substrates und damit für ein gutes Wurzelwachstum.

Zum anderen garantieren Spezialerden durch Zertifizierungen und Prüfsiegel, dass man Nahrungsmittel in dieser Erde anziehen kann. Es werden Stichproben genommen, die nachweisen, dass keine Schadstoffe oder gesundheitsgefährdenden Stoffe enthalten sind.

Kräuter schärfen nicht nur die Speisen, sondern auch den Blick für verschiedene Blattstrukturen von Schnittlauch (links) und Oreganum (rechts).

EIN GRÜNER DAUMEN FÜR WÜRZIGE KRÄUTER

Wer Kräuter im mobilen Garten anbauen will, muss kein Profi sein. Man sollte allerdings wissen, dass bei den Kräutern, die im Lebensmittelhandel als Topfpflanzen angeboten werden, ein Anbauversuch nicht immer von Erfolg gekrönt ist. Besser ist es, auf dem Wochenmarkt, bei Staudengärtnern oder Spezialanbietern einzukaufen. Mitunter ist sogar die Aussaat nicht schwer. So kann man Kerbel und Koriander gut selbst anziehen. Wichtig ist, dass man eine eher nährstoffarme Erde verwendet, weil so die Blätter langsamer wachsen und viel mehr von den köstlichen Aromastoffen enthalten sind.

BELIEBTE TOPFKRÄUTER

- Schnittlauch *(Allium schoenoprasum)*
- Kerbel *(Anthriscus cerefolium)*
- Koriander *(Coriandrum sativum)*
- Oreganum *(Origanum vulgare)*
- Rosmarin *(Rosmarinus officinalis)*
- Salbei *(Salvia officinalis)*
- Thymian *(Thymus vulgaris)*

Setzlinge vom Pflücksalat sind für wenig Geld zu kaufen und als Lückenfüller immer ein willkommener Blattschmuck im mobilen Garten.

SOMMERGOLD FÜR DEN URLAUB ZU HAUSE

Manchmal muss sich sein Glück selbst schmieden, und wenn der Urlaub im Süden nicht klappt, dann holt man sich einfach die Sonne in den Topf. Mit den gelb blühenden Pflanzen scheint sie selbst an trüben Regentagen pausenlos.

Ein pflegeleichter Garten lebt vor allem von guten Strukturen und häufig enthält er wenig Blütenpflanzen. So entsteht eine perfekte Bühne für einen mobilen Garten. In diesem Fall sind zwei Kübel, die rostig anmuten, mit gelb blühenden Sommerblumen bepflanzt. Dabei ist der optische Höhepunkt eine Kletterpflanze, die Schwarzäugige Susanne, die sich mithilfe von drei langen Bambusstangen in die Höhe schwingt. Zu ihren Füßen ergießt sich ein gelbes Blumenmeer, das sich in der prallen Sonne sehr wohlfühlt und sich über den Sommer sehr üppig entfaltet. Zu diesen Schönheiten zählen Studentenblume, Mittagsgold, Goldzweizahn und Husarenknöpfchen. Darüber hinaus sind eine Dahlie und Nachtkerzen im Spiel.

Die Eröffnung der Saison für diese Pflanzung erfolgt im Grunde zu den Eisheiligen. Es handelt sich um Pflanzen, die kräftig wachsen, weshalb großzügige Pflanzabstände ebenso wichtig sind wie ein hochwertiges Substrat mit Langzeitdünger. So sind die Pflanzen gut gerüstet für die erste Sommerhälfte. Wichtig ist das gute Wasserspeicherungsvermögen des Substrates, denn durch die dichte Pflanzenmasse wird immer viel Wasser gebraucht. Ein Trick, um die Kapazität zu erhöhen, besteht in einer mindestens zehn bis fünfzehn Zentimeter hohen Schicht Blähton auf dem Grund der Gefäße. So fließt das überschüssige Wasser nur zum Teil durch das Loch im Gefäßboden ab. Ein großer Teil des Wassers wird in dem porösen Material gespeichert und kann bei Trockenheit ausgleichen.

WAS BRAUCHE ICH?

- 2 × Pfennigkraut *(Lysimachia nummularia)*
- 2 × Goldzweizahn *(Bidens ferrulifolia)*
- 1 × Mittagsgold (*Gazania*-Hybride)
- 1 × Studentenblume (*Tagetes*-Patula-Hybride)
- 2 × Nachtkerze 'African Sun' *(Oenothera macrocarpa)*
- 1 × Schwarzäugige Susanne *(Thunbergia alata)*
- 2 × Husarenknöpfchen *(Sanvitalia procumbens)*
- 1 × Dahlie (*Dahlia*-Hybride)

Mittagsgold sollte immer sonnig stehen, damit sich die Blüten tatsächlich öffnen (oben). Die frischgrünen Kaskaden des Pfennigkrauts halten die beiden Gefäße wie eine Klammer zusammen und schaffen elegant den Übergang von der blütenreichen Bepflanzung der Gefäße zur Umgebung (oben rechts). Die kleinen Sterne des Husarenknöpfchens trumpfen mit einer grünlichen Blütenmitte auf (rechts).

Als Gegenpol zu der nach oben aufstrebenden Schwarzäugigen Susanne dient das Pfennigkraut. Die grasgrünen Triebe hängen jeweils über eine Ecke der beiden Töpfen und schaffen so den Übergang zum Hintergrund.

Was die Pflege betrifft, handelt es sich um eine relativ einfache Kombination, mit der auch Anfänger gut zurechtkommen. Die Voraussetzungen sind regelmäßiges Gießen und ein vollsonniger Standort. Dann kann man sich auch darauf verlassen, dass die Pflanzen gut wachsen. Mitunter können sie auch so üppig werden, dass man dem Wachstum ein bisschen Einhalt gebieten möchte. Scheuen Sie sich nicht, das Pfennigkraut, Goldzweizahn und Husarenknöpfchen einmal zurückzuschneiden. Gerade wenn ein Sommerurlaub ansteht und man nicht sicher ist, ob die Vertretung regelmäßig gießt, hilft der Rückschnitt. So wird der Verbrauch gedrosselt und die Pflanze kann sich in der Abwesenheit neu aufbauen. Nach der Rückkehr kann man den Entwicklungsfortschritt durch Flüssigdünger wieder beflügeln. Einmal wöchentlich werden Nährstoffe mit dem Gießwasser zugeführt.

Regelmäßig werden die großblumigen Elemente geputzt. Das bedeutet, bei Dahlien, Mittagsgold und Studentenblumen wird Welkes mit einer spitzen Schere herausgeschnitten. Das sieht nicht nur schöner aus, sondern regt auch die Knospenbildung deutlich an. Der sonnige Standort und das gute Wachstum der Pflanzen haben häufig zur Folge, dass bei einer solchen Kombination das Substrat deutlich an Volumen abnimmt. Dass die Erde unter den Pflanzen verschwindet, merkt man zuerst daran, dass das Wasser beim Gießen rasch unten aus dem Topf fließt. Dann ist es an der Zeit, an den Seiten und zwischen den Pflanzen nochmals etwas frische Erde auszubringen.

WELCHER STANDORT?

Ein sonniger Standort ist wichtig, da es sich bei allen Blütenpflanzen um Sonnenanbeter handelt. Sie benötigen die Wärme, um die unzähligen Blüten zu bilden.

WAS KOSTET DAS?

Knapp 50 Euro kosten die Pflanzen. Das Pfennigkraut kann als Bodendecker im Garten oder für die Herbstpflanzung wiederverwendet werden.

WIE LANGE HÄLT DAS?

Bei guter Pflege hält das Arrangement bis in den Altweibersommer, manchmal sogar noch ein bisschen länger, wenn sich die Witterung von der sonnig-warmen Seite zeigt.

MIT BESTEN GRÜSSEN AUS DER PRÄRIE

Der Hochsommer steckt voller Wärme, die sich in der Kombination aus Gräsern und Rotem Sonnenhut widerspiegelt. Diese Pflanzidee lässt sich ideal umsetzen, wenn man im Hochsommer nochmals eine neue Inspiration bekommen möchte.

Der Urlaub ist vorbei und zu Hause dreht jetzt der Sommer nochmals so richtig auf. Warme Nächte, jede Menge Sonnenstunden und durch die Erholung nimmt man sich wieder mehr Zeit, auf Balkon und Terrasse zu entspannen. Da kann man schon mal auf die Idee kommen, die Bepflanzung in den Töpfen komplett auszuwechseln. Warum eigentlich nicht? Das Angebot ist großartig, die Preise sind meist auch attraktiv in den Ferienwochen, da kann man es doch einfach wagen.

Mit dem Roten Sonnenhut ist man jetzt sehr gut bedient. Diese Pflanze, die man auch aus der Arzneimittelwerbung als abwehrstärkendes Mittel kennt, blüht in der sommerlichen Wärme im wahrsten Sinne des Wortes auf. Die Einzelblüte hat einen Durchmesser von über fünf Zentimetern. Im Grunde ist der Rote Sonnenhut keine Neuheit, denn seit Jahrzehnten gehört die Pflanze in das Repertoire der Staudengärtnereien, genau wie sein Namensvetter, der Gelbe Sonnenhut *(Rudbeckia)*. Dort hat aber in den vergangenen zehn Jahren eine Art Wiederentdeckung stattgefunden.

WAS BRAUCHE ICH?

- 5 × Japanisches Blutgras 'Red Baron' *(Imperata cylindrica)*
- 1 × Afrikanisches Lampenputzergras 'Fireworks' *(Pennisetum setaceum)*
- 5 × Roter Sonnenhut *(Echinacea purpurea)*

So sind immer mehr Farben ins Spiel gekommen. Mal gehen die Töne ins Orange und Gelb, mal ist es eine Mischung aus Pink und Rostrot, dann wieder verschiedene Rosatöne oder sogar Spielereien mit grünen Zeichnungen auf dem Kranz der äußeren Zungenblüten. Die Mitte bleibt dabei charakteristisch orangebraun.

Diese Vielfalt der Sonnenhüte, verbunden mit der hochsommerlichen Blütezeit, hat man mittlerweile auch als äußerst attraktiv für das Sommerblumensortiment entdeckt. So wird die Pflanze immer häufiger einjährig gezogen und nach der Blüte weggeworfen. Das ist insofern auch zu verstehen, weil die Hybriden zwar zunächst toll aussehen, sich aber dann nicht immer als langlebige und winterfeste Blütenstauden erweisen.

In dieser farblichen Blütenmischung passt der Rote Sonnenhut gut zusammen. Ergänzt und aufgelockert wird die Bepflanzung durch Gräser. Zwischen den Roten Sonnenhut mischt sich das Japanische Blutgras. Es hat grasgrüne Blätter, die gut vierzig Zentimeter hoch werden und deren Spitzen eine sehr intensive Rotfärbung zeigen. Im Laufe der Entwicklung intensiviert sich diese Färbung, sodass im Herbst die Blätter vollständig rot leuchten. Das Japanische Blutgras hat recht besondere Ansprüche, wenn man es dauerhaft im Garten kultivieren will. So sollte der Boden frisch bis feucht und kalkarm sein. Meist etablieren sich die Gräser nur, wenn sie im Frühjahr gepflanzt und dann die ersten Jahre mit Winterschutz verwöhnt werden. Die Kultur von Japanischem Blutgras im mobilen Garten erfolgt daher meist einjährig.

Ganz ähnlich verhält es sich mit dem Afrikanischen Lampenputzergras, das bei uns nur bedingt winterhart ist. In dieser Gestaltung findet die Sorte 'Fireworks' Verwendung, die sich durch rot gestreifte Blätter auszeichnet. Sie entwickelt zum Herbst zusätzlich die flauschigen, langen Blütenstände, die sich in einem hellen Beige wunderbar unterordnen.

Eine humose Blumenerde, die Wasser gut speichert, ist für die Pflanzung ideal. Um die Gestaltung lebendig zu halten, mischt man die verschiedenen Blütenfarben des Sonnenhutes. In den ersten Wochen kann man das Gießwasser mit etwas Flüssigdünger anreichern, damit sich reichlich Blütenknospen bilden. Während man anfangs die welken Blütenstände abschneidet, damit die Knospen ungestört durchwachsen, kann man sie ab Anfang September als Herbstschmuck stehen lassen. Übrigens: Auch bei Insekten sind die Blüten beliebt.

WELCHER STANDORT?

Möglichst sonnig sollten die Töpfe stehen, denn sowohl Gräser als auch Sonnenhut lieben es warm. Optisch ist es schön, wenn die Abendsonne durch die Blätter durchleuchtet.

WAS KOSTET DAS?

Zwischen 40 und 50 Euro kosten die Pflanzen, wobei es immer sein kann, dass man in der Zeit der Sommerferien Sonderangebote ergattert.

WIE LANGE HÄLT DAS?

Sechs Wochen schafft die Kombination spielend, wobei es einen großen Unterschied macht, ob man bereits voll aufgeblühte Pflanzen kauft oder eher knospige, die sich erst entfalten.

Die rosafarbenen Blütenblätter des Sonnenhutes bilden einen sehr eigenwilligen Kontrast zur rostrot schimmernden Blütenmitte (oben links). Diese Rottöne werden dann auch vom Japanischen Blutgras aufgenommen (oben) und bis zu den orangefarbenen Hybriden des Sonnenhutes weitergegeben. Die noch grünen Knospen setzen dazu einen eigenwilligen Kontrast (links).

EIN MODERNES DUO: ORANGE UND KUPFER

Von den Farben erinnert die Kombination ein wenig an die 70er – eine Zeit, in der das Orange sehr up to date war. Doch in der Mischung mit kupfrigem Laub entsteht eine Pflanzenkombination ganz im aktuellen Farb- und Materialtrend.

Die Extravaganz dieser Kombination spiegelt sich nicht nur in den Farben, sondern auch in den Pflanzen wieder. Als Gefäße wird ein Trio im sandfarbenen Natursteinlook verwendet, das die Farbstimmung von Blüten und Blättern dezent aufnimmt.

Es handelt sich bei den Pflanzen zum einen um Polster, die überhängend bis breitbuschig wachsen. Das sind die Papaya-Begonien und die terrakottafarbenen Zauberglöckchen. Weiterhin übernehmen die Purpurglöckchen die Aufgabe des Lückenfüllers und schaffen den Übergang zum riemenförmigen Laub, mit dem Keulenlilie, Montbretie und Moor-Pfeifengras die Vertikale stark betonen. Diese Linie wird von den stark verzweigten Blütenständen der Montbretie mit ihren leuchtend orangefarbenen Blüten gekrönt. Die Blüten sind ährenförmig angeordnet und entwickeln sich nacheinander. Farblich steuert die Keulenlilie mit ihren kupferroten Blättern einen Farbkontrast bei, der durch das Niedrige Moor-Pfeifengras etwas abgemildert wird. Wenn die Montbretie ihren Höhepunkt überschritten hat, kommt ein zusätzlicher Blütenaspekt ins Spiel. In der sommerlichen Wärme entwickelt sich der zunächst eher zierliche Blut-Salbei 'Coral Nymph' dann zu einem prachtvollen Busch, der mit seinen zahlreichen lachsfarbenen Lippenblüten die Kombination bis in den Herbst bereichert. Er sorgt auch dafür, dass die Gestaltung am rechten seitlichen Rand einen Abschluss und ein etwas üppigeres Volumen bekommt.

WAS BRAUCHE ICH?

- 2 × Papaya-Begonie *(Begonia sutherlandia)*
- 2 × Purpurglöckchen 'Crème Brûlée' *(Heuchera-*Hybride)
- 2 × Zauberglöckchen, terrakottafarben blühend *(Calibrachoa-*Hybride)
- 2 × Keulenlilie 'Red Star' *(Cordyline australis)*
- 3 × Montbretie *(Crocosmia masionorum)*
- 1 × Blut-Salbei 'Coral Nymph' *(Salvia coccinea)*
- 1 × Niedriges Moor-Pfeifengras 'Dauerstrahl' *(Molinia caerulea)*

Die Montbretie ist eine sommerblühende Zwiebelblume, die man immer öfter angetrieben im Handel bekommt (oben). Das Zauberglöckchen mit seinen fahl orangefarbenen Blütentrichtern (oben rechts) bildet einen guten Kontrast zu den kupfrigen Blättern der Keulenlilie, die zudem eine klare Struktur in die Bepflanzung bringt (rechts).

Pflanzzeit für dieses Arrangement ist der Frühsommer. Sind die Eisheiligen und auch die kühlen, regnerischen Wochen des späten Frühlings vorüber, kann man die Pflanzen setzen. Sie alle bevorzugen Wärme und wachsen deutlich besser ein, wenn man sie etwas später pflanzt.

Das Wachstum der Sonnenanbeter verlangt viel Kraft, weshalb es Sinn macht, ein hochwertiges Substrat zu verwenden. Da die Begonien jedoch ein wenig salzempfindlich sind, ist es besser, mit Düngekegeln alle Pflanzen individuell zu versorgen. Die Begonien lässt man aus und berücksichtigt sie mit einer schwachen Dosis Blütendünger im Gießwasser.

Die Blütenstiele der Montbretien werden nach der Blüte zurückgeschnitten, damit die Kraft in die Knollen geht, die man durchaus im Spätsommer in den Garten pflanzen kann. So bleibt der grüne Hintergrund der schwertförmigen Blätter zunächst erhalten. Beim Blut-Salbei beginnt man frühzeitig die Spitzen auszuknipsen. Auf diese Art und Weise werden die Pflanzen buschiger, auch die Blüte wird schließlich fülliger. Die Zauberglöckchen wachsen von alleine und es ist von Vorteil, sie ebenso wie die Papaya-Begonien so zu platzieren, dass sie sich über den Topfrand entfalten können. Wird das Zauberglöckchen zu üppig, kann man es auch mal zurückschneiden, um den vegetativen Neuaustrieb anzuregen.

Die Kombination zeichnet sich durch eine lang anhaltende Attraktivität aus, die bis in den Herbst währt. Löst man die Kombination schließlich auf, können die Montbretien, Keulenlilien und Purpurglöckchen wiederverwendet werden. Während erstere im Winter einen geschützten Standort brauchen, sind Purpurglöckchen vollkommen winterhart. Die wintergrünen Blätter passen dann in der kalten Periode hervorragend zu bronzefarbenen Chrysanthemen.

WELCHER STANDORT?

Sonnige bis halbschattige Standorte sind ideal. Das Licht spielt mit den Farben und bringt sie entsprechend kräftig zum Leuchten, was vor allem für den Blattschmuck von Bedeutung ist.

WAS KOSTET DAS?

Etwas mehr als 60 Euro muss man für die Kombination im Budget veranschlagen. Keulenlilien lassen sich leicht überwintern, die Stauden werden gepflanzt.

WIE LANGE HÄLT DAS?

Mit kleinen Veränderungen in der Dominanz der verschiedenen Pflanzen hält diese Bepflanzung vom Sommer bis in den Herbst und lässt sich sogar zum Teil weiterverwenden.

BLÄTTER: DIE SCHÖNSTE NEBENSACHE DER WELT

Mit Blättern kann man Blütenfarben zum Leuchten bringen und über blüharme Zeiten hinweg helfen. Blattschmuckpflanzen sind in der Regel recht robust und das Thema Haltbarkeit ist meist erst ein Thema, wenn der Frost im Herbst naht.

Die Frage: »Wie lang hält das?« lesen Sie bei jedem unserer Pflanzvorschläge. Es ist immer eine Kernfrage, denn Blütenschmuck, der von Dauer ist, gehört schon zu den Besonderheiten. Eine Garantie für eine anhaltende Schönheit sind Pflanzen mit besonderen Blättern. Diese können nicht verblühen und sie halten in der Regel die ganze Saison bzw. die Pflanzen sind in der Lage, immer wieder neue Blätter zu bilden. Dabei spielt zum einen die Färbung der Blätter eine Rolle und zum anderen die Struktur, die durchaus eine gestalterische Bereicherung ist.

Die blaugrauen Blattfarben von Regenbogenfarn, Blauschwingel, Zwerg-Silberraute und das weißgezeichnete Blatt der Geranie schaffen Helligkeit in einer Gestaltung.

Verwendet werden Blattschmuckpflanzen ähnlich wie das Grün in einem Blumenstrauß. Das Laub übernimmt die Rolle, die Blütenfarben zu verstärken. Das geschieht zum einen durch Ton-in-Ton-Kombinationen oder durch starke Kontraste. Bei hellen Blattzeichnungen, also beispielsweise weißen oder gelben Panaschierungen, kommt Licht in die Gestaltung.

GESCHICHTEN, DIE DAS LAUB DEM GÄRTNER ERZÄHLT

Doch die Schönheit ist nur ein Teil, wenn sich Pflanzen ein besonderes Laubkleid zulegen. Man kann bei genauerem Beobachten immer auch Rückschlüsse auf die Standortbedingungen ziehen. So ist ein silbriges Laub ein Schutz vor starker Sonneneinstrahlung. Diese Graulaubigen vertragen also problemlos die Mittagssonne, weil sie viel Licht reflektieren. Eine dichte Behaarung auf der Blattoberseite zeigt ebenfalls an, dass die Pflanzen daran gewöhnt sind, trocken und heiß zu stehen. Gleichzeitig heißt das aber auch: Anhaltende Nässe sind diese Pflanzen nicht gewohnt. Sie sind auf dem überdachten Südbalkon perfekt untergebracht. Und das fein gefiederte, zarte Laub des Frauenhaarfarns lässt den Rückschluss darauf zu, dass die Pflanzen eher schattig, geschützt stehen wollen. So lernt man seine Schönheiten kennen.

Purpurglöckchen haben für jede Farbe eine Lösung, wie das Sträußchen zeigt (links). Die Blüten sind eher filigran (rechts.)

DIE GESCHICKTE GESTALTUNG VON STRUKTUREN

Es geht aber bei Laubschmuck nicht nur um das einzelne Blatt, sondern auch darum, besondere Strukturen in eine Pflanzenkombination zu bekommen. So bilden Gräserhalme parallele Strukturen, die an Wasserfontänen erinnern und so den Aspekt des Volumens betonen. Der Silberregen mit seinen lang nach unten hängenden Trieben richtet das Augenmerk ebenfalls in die Vertikale, auch wenn die Pflanze nach unten wächst. Nadelartiges Laub wie das des Currykrautes kann auch wie ein Weichzeichner wirken, weil sich die Struktur vor die satten Farben legt.

Grüne und bronzefarbene Purpurglöckchen rahmen hier zwei Varianten der Buntnessel und rotlaubigen Klee ein.

FANTASTISCHER BLATTSCHMUCK

- Blattbegonie *(Begonia*-Hybride)
- Dahlien der Bishop-Serie *(Dahlia*-Hybride)
- Korallenfuchsie *(Fuchsia triphylla)*
- Mottenkönig *(Glechoma hederifolia)*
- Buntnessel *(Solenostemon)*
- Currykraut *(Helichrysum italicum)*
- Küchensalbei *(Salvia officinalis)*

MIT DEM AKZENT TROPISCHER BLÄTTER

Große Blätter mit markanter Struktur und verschiedenen Texturen ergänzen sich zu einem Blickfang, der wenig Pflege verlangt und gerade in einem modernen, sachlichen Ambiente hervorragend zur Geltung kommt.

Zimmerpflanzen? Ja, das haben Sie vollkommen richtig erkannt. Diese Gestaltung enthält eine ganze Reihe von Gewächsen, die man eigentlich von der Fensterbank kennt. Das zeigt, dass die Einteilung nach der Kultur auf der einen Seite sicher berechtigt ist, auf der anderen Seite aber auch viele neue Möglichkeiten bietet. Die Federbusch-Celosie, ein Sommerblumenklassiker mit einer ungewöhnlichen Blüte, hat sich in dieser Gestaltung mit verschiedenen Blattschmuckschönheiten umgeben, die aus tropischen Gefilden stammen. Ein paar Monate halten sie es auch bei uns im Freien aus und zaubern uns in den Sommerwochen einen Hauch von Exotik auf den eigenen Balkon.

Das ist wohltuend, wenn der Urlaub ausfällt und man mit dem Traum der Tropen auf diese Art und Weise spielt. Zum Blickfang wird bei dieser Pflanzung das Pfeilblatt, das seinem Namen alle Ehre macht. Mit der weißen Zeichnung auf den dunkelgrünen Blättern lenkt es den Blick auf sich. Die Blattspitzen zeigen quasi wie ein Pfeil nach unten und machen auf die Blattbegonien aufmerksam. Ihre Form spielt ein bisschen mit der Blattform des Pfeilblattes. Die Textur dagegen setzt einen klaren Kontrast, denn die Begonienblätter fühlen sich weich und filzig an. So entsteht auch die Verbindung zu den Federbusch-Celosien, deren Blütenstände sich flauschig anfühlen, wenn man mit der Hand darüberstreicht.

Im dritten Topf im Vordergrund entfaltet eine Dreimasterblume ihre Schönheit. Sie wird in Ampeln gezogen und kann natürlich in einem höheren Gefäß ihre Triebe locker nach unten fallen lassen. Kleine weiße Blüten lockern auf, während die unterseits rosaviolett gefärbten Blätter eine Verbindung zu den Blüten der Federbusch-Celosie aufbauen. So wirken die Töpfe nicht nur als solche, sondern auch in Hinblick auf die Bepflanzung als eine Einheit.

WAS BRAUCHE ICH?

- 2 × Pfeilblätter *(Alocasia sanderana)*
- 2 × Blattbegonie *(Begonia)*
- 5 × Federbusch-Celosie *(Celosia plumosa)*
- 1 × Dreimasterblume *(Tradescantia fluminensis)*

Ein hochwertige Pflanzensubstrat sorgt für ein gesundes Wachstum und eine gute Versorgung der Pflanzen. Dabei gilt es vor allem bei der Wasserversorgung mit Fingerspitzengefühl zu arbeiten. Die Dreimasterblume hat durch die vielen kleinen Blätter und durch die dicht übereinanderliegenden Triebe eine hohe Verdunstung. Das hat den Vorteil, dass sie für die anderen Pflanzen das Kleinklima merklich verbessert. Die anderen Pflanzen haben ebenfalls einen hohen Wasserbedarf, aber die Erde darf ruhig erst mal etwas von oben abtrocknen, bevor man erneut gießt.

Die Düngung erfolgt am besten über Flüssigdünger, der ins Gießwasser gegeben wird. Da die Begonien keine hohen Nährstoffkonzentrationen vertragen, weil die Wurzeln empfindlich sind, ist so eine individuellere Versorgung möglich. Siedelt man die Pflanzen am Ende des Sommers in die Wohnung um, macht es auch Sinn, die Düngung Anfang August zu beenden. So wird die Ruhephase eingeläutet, die durch das geringere Lichtangebot in der Wohnung automatisch beginnt. So kann es nicht passieren, dass unverbrauchte Nährstoffe den Pflanzen Probleme bereiten.

Wird die Dreimasterblume zu üppig, kann man sie etwas zurückschneiden. Dabei ist es angebracht, zunächst die Triebe anzuheben und von unten altes Astwerk wegzuschneiden. Anschließend kann man die verbliebenen Triebe auch an den Spitzen nach Bedarf einkürzen. Es hat Vorteile, wenn man diese Schnittmaßnahmen zum Ende der ersten Sommerhälfte durchführt, weil sich dann noch mit ausreichend Licht und Wärme ein junges, vitales Astgerüst aufbaut. Welken ältere Blätter von Pfeilblatt und Begonie, so zieht man sie einfach ab.

WELCHER STANDORT?

Die Pflanzen vertragen viel Helligkeit, wobei es allen guttut, wenn sie nicht in der prallen Mittagssonne stehen. Morgen- oder Abendsonne ist willkommen. Ebenso ist es förderlich für das Wachstum, wenn die Luftbewegung gering ist.

WAS KOSTET DAS?

40 Euro kostet der Urlaub im tropischen Balkonien und dabei können die Pflanzen in den Wintermonaten zum Blickfang in der Wohnung werden.

WIE LANGE HÄLT DAS?

Die Bepflanzung hält viele Monate. Wenn es kälter und nasser wird, holt man die Pflanzen ins Haus. Die Federbusch-Celosie wird dann entsorgt.

Den besonderen Reiz der Dreimasterblume machen die zierlichen, dichten Blätter aus, deren Unterseite rosaviolett gefärbt ist (oben links). Ein besonderes Farbenspiel bringt die Federbusch-Celosie mit ihren orangeroten Blütenständen ins Spiel. Durch Entspitzen werden die Pflanzen dichtbuschig (links). Das Pfeilblatt hat eine ledrige, feste Struktur, die keine direkte Sonneneinstrahlung verträgt (oben).

EINGANG MIT ROTEM BLÜTENTEPPICH

Wie ein Signal baut sich das Duett aus zwei bauchigen Gefäßen auf. Es strahlt Herzlichkeit aus, was in der Symbolik der Blütenfarbe und der Blattform zum Teil wiederzufinden ist. So entsteht Willkommenskultur vor der eigenen Haustür.

Rot zählt gestalterisch zu den Blütenfarben, die nicht ganz einfach sind, denn es ist immer präsent. Rot rückt sich immer in den Vordergrund und lässt Entfernungen kleiner wirken, als sie sind. Für den Balkon, einen ohnehin meist schon kleinen Raum, eignet sich Rot daher nicht. Vom Charakter hat die Farbe der Liebe viel Temperament und auch das verträgt sich bedingt mit Entspannung. Aber neben der Eingangstür am Haus wirkt Rot wie ein Ausrufezeichen, das Gäste schwungvoll begrüßt.

So entwickeln sich die beiden Töpfe zum stummen, aber herzlichen Begrüßungskomitee. Die Gefäße selbst sind hell und schlicht, um eine Verbindung zum Umfeld aus hellgrauem Bodenbelag und dem Fugenmaterial im Klinkermauerwerk zu bilden. Die Pflanzen selbst bauen sich verhältnismäßig hoch auf. Sie erscheinen aber im oberen Drittel angenehm locker und duftig im Vergleich zu den unteren Bereichen. Dabei spielen in diesem oberen Bereich drei Pflanzen zusammen. Im Einzelnen handelt es sich um das Einjährige Federborstengras mit rotem Laub, die ungefüllten Blüten der Dahlien und die schwarzroten Blüten der Schokoladenblume. In der Mitte übernehmen die Scharlach-Lobelien und die Buntnessel die Attraktion, während Süßkartoffel, Sauerklee und die rot blühende Petunie sich über den Topfrand hinweg entfalten und so einen Abschluss zum Gefäß bilden.

WAS BRAUCHE ICH?

- 1 × Blattschmuck-Dahlie Bishop-Serie *(Dahlia*-Hybride)
- 1 × Schokoladenblume *(Cosmos atrosanguineus)*
- 1 × Blattschmuck-Süßkartoffel *(Ipomoea batatas)*
- 1 × Buntnessel *(Solenostemon*-Hybride)
- 2 × Scharlach-Lobelie *(Lobelia fulgens)*
- 2 × Sauerklee *(Oxalis spiralis* ssp. *vulcanicola)*
- 1 × Einjähriges Federborstengras 'Rubrum' *(Pennisetum setaceum)*
- 1 × Petunie, rot blühend *(Petunia*-Hybride)

Der Blattschmuck der Buntnessel bringt die Blüten der Lobelie zum Leuchten und sorgt für ein gutes Umfeld (oben). Die Dahlien der Bishop-Serie tragen immer dunkelrote Blätter und Stiele, die einen schönen Hintergrund zu den einfachen, roten Blüten erzeugen (oben Mitte). Die Knospen der Schokoladenblume verschweigen den feinen Duft, der den Namen gegeben hat (oben rechts). Die Scharlach-Lobelie ist eine sehr wüchsige und blühfreudige Staude, die es gleichmäßig feucht liebt (rechts).

Der farbliche Komplementärkontrast zu Rot ist Grün. Treffen diese beiden Farben aufeinander, wirkt es sehr hart. Dieses wird in der Gestaltung dadurch vermieden, dass die verwendeten Pflanzen mit Ausnahme der Petunie ein rötlich gefärbtes Blattwerk haben. So wird das Rot zu einem Motto, das in den verschiedenen Nuancen spielt. Der einzige Ausreißer in der roten Symphonie ist eigentlich der Sauerklee mit seinen gelben Blüten. Allerdings fällt er wenig auf und schafft eigentlich nur eine ganz dezente Verknüpfung vom vorderen Topf zu den im hinteren Topf angesiedelten Dahlien, deren Staubbeutel ebenfalls goldgelb funkeln.

Da es sich um eine sehr langlebige Pflanzkombination handelt, ist es ratsam, dass man ein hochwertiges Substrat verwendet. Es sollte mit einem Langzeitdünger versehen sein. Ebenso erfüllt ein Qualitätsprodukt die Anforderungen an die Wasserspeicherfähigkeit.

Bei der Pflanzung sind die Abstände großzügig zu bemessen, weil mit einem kräftigen Zuwachs zu rechnen ist. Gerade bei der Buntnessel kann die Verzweigung durch Ausknipsen der Spitzen gefördert werden. Hinsichtlich der Pflege über die Monate muss man darauf achten, dass alle Pflanzen gleichmäßig zur Geltung kommen. Wenn ein Verhältnis unausgewogen erscheint, wird die größere Pflanze zurückgeschnitten, damit keine Situation der Bedrängnis entsteht. Ebenso werden die welken Blüten der Dahlien mit einer Schere abgeschnitten. Durch diese Maßnahme wird die Bildung von neuen Knospen angeregt. Wenn es herbstlich wird, entwickeln die Pflanzen ein üppiges Finale, das durch den ersten Frost beendet wird. Einzig die Dahlienknollen nimmt man jetzt aus der Erde, lässt sie an einem kühlen luftigen Ort etwas abtrocknen, um sie in feuchtem Torf frostfrei zu überwintern.

WELCHER STANDORT?

Ein sonniger Standort ist perfekt, damit sich die Pflanzen gut entwickeln und viele Blüten bilden. Vor allem für die Dahlien, das Federborstengras und die Zierkartoffel ist die Wärme wichtig.

WAS KOSTET DAS?

Bei 35 bis 40 Euro liegen die Kosten für diese feurige Kombination, die neben der Haustür für einen freundlichen Empfang der Gäste sorgt.

WIE LANGE HÄLT DAS?

Die Bepflanzung wird im Juni zusammengestellt und schmückt sich dann bis in den Herbst mit Blüten. Eine gleichmäßige Wasserversorgung ist für den Erfolg wichtig.

DAS STAUDENBEET VOR DER HAUSTÜR

Pflegeleicht, ausdauernd und immer ansehnlich – so präsentiert sich ein mobiles Staudenbeet vor der Haustür. Es wird quasi eine Visitenkarte, die auf den natürlichen Charme von mehrjährigen Schattenpflanzen setzt.

Ein Eingangsbereich, der im Schatten des Wohnhauses liegt, wird immer als ein schwieriger Standort angesehen. Das muss nicht sein, denn es gibt durchaus viele Pflanzen, die eine absonnige Situation nicht übelnehmen. Gerade im Bereich der Mehrjährigen findet man sowohl Blüten- als auch Blattschmuckpflanzen, die gemeinsam einen schönen, fein verwebten Pflanzenteppich ausbreiten.

Vom Frühsommer bis in den späten Herbst sorgen die Magellan-Fuchsien für einen blumigen Auftritt. Es handelt sich bei diesen Fuchsien um die winterharten Sorten, die sich durch kleine, schmale Blütenglöckchen auszeichnen. Sie verbreiten viel Natürlichkeit. Farblich hervorragend passt hierzu der Knöterich, dessen Blüten vom Ton her harmonisch passen. Während die Fuchsienblüten hängend erblühen, schieben sich die rüsselartig gewundenen Blütenstände von unten dazwischen.

Die Rottöne werden darüber hinaus von den Purpurglöckchen in der Blattfarbe nochmals aufgenommen und spiegeln sich auch ganz leicht in der dunklen Mittelrippe bei den Fiederblättern des Regenbogenfarns wider. Einzig die Polsterglockenblume mischt sich mit ihren lilablauen Blütensternen wie ein Ausrufezeichen dazwischen. Gleichzeitig schafft sie es, mit den blütenbesetzten Trieben den Topfrand locker zu umspielen und darüberzuwachsen. Dank der viel- und kleinblütigen Triebe entsteht eine Situation, die von Leichtigkeit zeugt. Dabei sind alle Pflanzen winterhart, die Blattstrukturen der Purpurglöckchen wintergrün, sodass man diese Gestaltung mehrjährig kultivieren kann. Als Alternative bietet es sich an, die Pflanzen in ein schattiges Beet im Garten zu setzen.

WAS BRAUCHE ICH?

- 2 × Polsterglockenblume *(Campanula poscharskyana)*
- 2 × Purpurglöckchen *(Heuchera-*Hybride)
- 2 × Magellan-Fuchsie *(Fuchsia magellanica)*
- 3 × Knöterich 'Inverleith' *(Persicaria amplexicaulis,* syn. *Polygonum)*
- 2 × Regenbogenfarn *(Athyrium niponicum* var. *pictum)*

Die Pflanzung für dieses Staudenbeet im Topf kann im Grunde im Frühling beginnen. So kann man die Entwicklung genau beobachten. Mithilfe von ein paar Hasenglöckchen oder niedrigen Narzissen entsteht zu diesem Zeitpunkt auch schon ein kleiner Blickfang.

Das Substrat sollte im Hinblick auf die mehrjährige Kultur unbedingt strukturstabil sein. Eine Kübelpflanzenerde ist gut geeignet, wobei es nicht erforderlich ist, dass sie Langzeitdünger enthält. Meist gelingt die Kultur besser, wenn man die Stauden durch einen Flüssigdünger versorgt und dabei gegebenenfalls ganz gezielt einzelne Pflanzen verwöhnt. Es ist nämlich wichtig, dass die Pflanzen im Frühling nicht nur vegetativ wachsen, das heißt nur Blätter und Triebe bilden, sondern, dass sie in die Blühphase kommen. Hierbei sind Nährstoffgaben zunächst hinderlich und es macht mehr Sinn, wenn man erst dann beginnt zu düngen, wenn tatsächlich Blütenknospen zu erkennen sind. Andererseits sind Fuchsien ebenso wie der Farn eher salzempfindlich und sollten nicht zu viele Nährstoffe bekommen.

Hin und wieder kann man die Pflanzen etwas ausputzen. Die älteren Blätter der Purpurglöckchen zupft man aus, abgeblühte Triebe der Glockenblumen werden abgeschnitten und bei den Fuchsien sollten die Fruchtstände einfach abgeknipst werden. Anderenfalls stagniert die Knospenbildung, weil die Kraft in die Entwicklung der Früchte geht.

Nach zwei Jahren sollten die Pflanzen, die über den Winter gegebenenfalls mit Tannenreisig abgedeckt werden, aufgenommen werden. Größere Exemplare können geteilt werden. Aber das Wichtige dabei besteht in einer Auffrischung des Substrates.

WELCHER STANDORT?

Im Schatten entwickelt sich dieser mobile Staudengarten wunderbar und durch das große Topfvolumen sind die Ansprüche ans Gießen sehr gering.

WAS KOSTET DAS?

Etwa 40 Euro kosten die Stauden zusammen. Man kann sie im Gefäß mehrjährig kutivieren oder aber die Pflanzen im Herbst in den Garten setzen.

WIE LANGE HÄLT DAS?

Im Prinzip ist das eine ganzjährige Bepflanzung. Der Blütenschmuck wird allerdings erst ab Mitte bis Ende Juni stimmungsvoll, hält dann aber an, bis sich starker Frost ankündigt, denn der Platz am Haus bietet guten Schutz.

Im Vergleich zu den Fuchsien, die man als Beetpflanzen angeboten bekommt, sind die Magellan-Fuchsien kleinblütig (oben links). Die Polsterglockenblume bildet lange Ranken, die mit den blauen Blütensternen übersät sind (oben Mitte). Der Regenbogenfarn hat mit seinen metallisch glänzenden Wedeln einen besonderen Auftritt (oben). Der kleinblumige Knöterich setzt nur ganz zart seine Akzente in die Bepflanzung, sodass sie sehr natürlich wirkt (links).

EIN HOCH AUF DIE SCHATTIGEN PLÄTZE

In Zeiten von anhaltender Hitze im Sommer ist ein Balkon mit einer Nordausrichtung keine ganz schlechte Empfehlung. Auf eine üppige und vielfältige Bepflanzung muss man jedenfalls nicht verzichten, denn es gibt ein recht großes Pflanzenrepertoire.

Da, wo keine Sonne hinkommt, ist pflanzliche Blütenschönheit auch möglich. Das zeigt sich am besten im Frühling, weil viele Frühlingsblüher ursprünglich aus dem Schatten stammen. Allerdings ist dieser zur Blütezeit noch nicht ausgebildet, weil die Schatten spendenden Blätter an den Bäumen noch nicht entwickelt sind. Aber so manche Pflanze wie Fuchsie, Begonie, Fleißiges Lieschen und Hortensie haben sich sogar auf das Schattendasein spezialisiert und so sorgen sie mit üppigen Blüten und reichlich Farbe dafür, dass es auch ohne Sonne bunt werden kann.

Das Schöne am Schatten ist nicht nur das viel angenehmere Klima im Sommer, sondern auch die Tatsache, dass man viel weniger gießen muss. Wenn Sie anfangen, in großen Kübeln für den mobilen Garten zu gärtnern, kann das eine Umstellung sein. Daher immer zuerst die Fingerprobe machen, bevor man gießt. Denn die Schattenschönheit trocknet logischerweise auch nicht so schnell wieder ab.

Die Korallenfuchsie lässt ihre Blüten vor den rötlich überhauchten Blättern leuchten.

...UND WENN MAN EINFACH SONNENANBETER PFLANZT?

Die Idee leuchtet ein. Man schert sich nicht um den Standort und pflanzt, was gefällt. Ja, es ist durchaus möglich, dass die Übung gelingt. Aber es ist nicht ausgeschlossen, dass sie weniger Blüten haben und dass die Pflanzenentwicklung ein bisschen vom bekannten Schema abweicht. Ganz wichtig ist zu beachten, dass das langsamere Wachstum zwei Faktoren beeinflusst: Wasser- und Nährstoffversorgung. Man sollte sich dem Experiment mit etwas Behutsamkeit nähern. Es gilt langsam auszuprobieren, wie man den größten Erfolg hat, damit im Schatten vielleicht etwas mehr Sonnengefühl aufkommt. Vorsicht ist geboten, wenn die Pflanzen Wärme brauchen, denn die macht sich rar.

MEHRJÄHRIGE SOLITÄRE FÜR DEN SCHATTEN

Der Schatten kann durchaus als pflegeleichter Standort beschrieben werden. Umso mehr, wenn man das Augenmerk auf Stauden und Gehölze richtet. Gerade in den großen Gefäßen des mobilen Gartens haben diese Pflanzen viel Platz für die Wurzeln und oft ist auch der Frostschutz leicht zu garantieren.

Hortensien beispielsweise sorgen mit ihren Blüten den ganzen Sommer über für prachtvolle Farben. Mit den modernen Sorten, die auch am diesjährigen Trieb Knospen bilden, kann man es sich dann durchaus mal erlauben, ein paar Blüten für die Vase zu schneiden.

Blätter von Funkien, die meist herzförmig sind, bilden einen schönen Kontrast zu Farnen. Ein Duo – in zwei getrennten Töpfen – ergänzt sich wunderbar und gibt dem Schatten eine grüne Note. Auch Gräser wie das Japan-Berggras mit seinen verschiedenen Sorten, die mal gelb und mal weiß gezeichnet sind, erweisen sich als ein toller Blickfang. In großen, hohen Gefäßen entwickelt sich eine Mähne aus den überhängenden, riemenförmigen Blättern. Etwas mehr Blütenschmuck – allerdings auch saisonal begrenzt – entsteht mit der Bepflanzung von Töpfen mit Silberkerzen. Die braunlaubigen Sorten der *Cimicifuga*, so der botanische Name, bilden einen markanten Kontrast zu den weißen Blütenkerzen an meterhohen Stielen.

Die Begonien sind wahre Multitalente im Schatten. Sie sollten nur maßvoll mit Dünger bedacht werden, da sich zu viel Nährstoff negativ auswirkt.

BEKANNTE SCHATTENPFLANZEN

- Eisbegonien *(Begonia semperflorens)*
- Schneeflockenblume *(Chaenostoma cordatum,* syn. *Sutera)*
- Zauberschnee *(Euphorbia hypericifolia* 'Diamond Frost')
- Hortensien *(Hydrangea*-Hybriden)
- Fleißiges Lieschen *(Impatiens walleriana)*
- Edellieschen *(Impatiens*-Neuguinea-Hybride)
- Schaumblüte *(Tiarella cordifolia)*

DER DUFT AUS SÜDLICHEN GEFILDEN

Balkon und Terrasse sind zum Entschleunigen perfekt, aber bei der Bepflanzung darf es auch mal ruhiger zugehen. Mit diesen beiden Gefäßen im rostigen Look werden sie ruhig und atmen tief durch, denn die Pflanzen bringen ein feines Parfüm mit.

Nicht immer geht es bei einer Bepflanzung darum, mit Blüten- und Blattfarben Blickfänge zu schaffen. Pflanzen haben schließlich auch andere Qualitäten. So kann die Berührung flauschiger Blätter als angenehm empfunden werden oder ein feines Parfüm eine Bereicherung sein, wenn man einfach zwischen den Pflanzen Ruhe finden will. Dabei gibt es einige Duftpflanzen, die alles andere als zurückhaltend sind. Das wiederum kann irgendwann als störend empfunden werden oder sogar Beschwerden wie Migräne auslösen. Leichte Parfüms und Düfte, die sich erst durch die Berührung erschließen, sind wesentlich besser, weil man sie quasi auf Abruf anfordern kann. Ein weiterer Aspekt ist die Mischung von verschiedenen Düften, die sich gegenseitig bedrängen und im Potpourri nicht harmonisch sind.

So haben wir eine Pflanzenkombination gewählt, die zum einen mit den dunkellila Petunien vanilleartige Aromen mitbringen, die man wahrnimmt, wenn man die Nase einmal in die Nähe der Blütentrichter bringt. Zum anderen kommen mediterrane Parfüms dazu. Lavendel, der mit seinen Blüten sicher den Duft besonders konzentriert verströmt, duftet auch über die Blätter, was man vor allem dann wahrnimmt, wenn man mit der Handfläche über die Büsche streicht.

Das Strauchbasilikum weckt mit seinem Aroma kulinarische Assoziationen. Als vierter Duft im Bunde ist die Koreaminze mit im Topf. Die kurzlebige Staude hat, wie der Name schon ahnen lässt, eine große Ähnlichkeit mit Pfefferminze. Die Blütenstände mischen sich gut mit denen des Strauchbasilikums. Beides sind Magneten für Insekten und somit Pflanzen, die gerade im innerstädtischen Bereich besonders wertvoll sind. Die Pflanzen werden gruppiert angeordnet, damit es nicht zu einer Vermischung der Düfte kommt.

WAS BRAUCHE ICH?

- 1 × Strauchbasilikum *(Ocimum kilimandscharicum × basilicum)*, als Hochstämmchen gezogen
- 5 × Lavendel *(Lavandula angustifolia)*
- 1 × Koreaminze *(Agastache rugosa)*
- 5 × Petunie (*Petunia*-Hybride)

Vor allem in den Abendstunden eines sonnigen Tages verströmen die Petunien einen feinen Duft, um Bestäuber anzulocken (oben). Lavendel ist in der kleinen Menge zurückhaltend und man löst eine Duftwolke, indem man mit den Fingern durch die Pflanze streicht (oben rechts). Die Koreaminze wächst schnell. Ein Tee, gebrüht aus den Blättern, hat ein feines Minz-Anis-Aroma (rechts).

Die Pflanzung dieser Kombination kann sowohl im Frühsommer als auch im Hochsommer erfolgen. Alle Pflanzen sind zu beiden Zeitpunkten blühend zu kaufen. Beim Strauchbasilikum hilft die Höhe des Hochstämmchens, um der Gestaltung Aufmerksamkeit zu verschaffen. Man muss sich nicht bücken und hat gleichzeitig einen gewissen Sichtschutz beziehungsweise eine Möglichkeit, Wände zu schmücken.

Neben dem Duft ist es schön, dass alle Pflanzen harmonisch zu den lilablauen Petunien passen und die Farbe so eine verbindende Funktion hat. Während der Lavendel tatsächlich mehrjährig ist, muss das Strauchbasilikum kühl und hell, aber in jedem Fall frostfrei überwintert werden, wenn man es durch den Winter bringen will. Die Blätter erinnern geschmacklich sehr an das Genoveser Basilikum, das meist nicht ganz so leicht in der Kultur ist und vor allem sehr empfindlich auf durchschnittliche Temperaturen unter 18 °C reagiert. Man kann also durchaus Blätter für Tomaten mit Mozzarella oder für Nudeln mit Pesto abernten.

Wie bei Kräutern ist es für Lavendel und Strauchbasilikum wichtig, dass sie langsam wachsen und eine frische, durchlässige Erde haben. Bei den Petunien dagegen ist eine hochwertige Balkonblumenerde gefragt, damit sich die Blüten reich entwickeln. Wie im Praxisteil (siehe Seite 137) beschrieben, muss man die welken Blüten der Petunien abzupfen, damit sich die Knospen gut entfalten können. Die Lavendelblüten werden frühzeitig abgeschnitten, damit sich die kleinen Halbsträucher kompakt und buschig entwickeln.

Gegossen wird in regelmäßigen Abständen, wobei die Erde immer wieder oberflächlich abtrocknen sollte, um ein Vernässen des Substrates im Topf zu vermeiden. Am Ende der Saison kann der Lavendel ausgepflanzt werden.

WELCHER STANDORT?

Nur in der vollen Sonne entfalten sich die Pflanzen, die zu einem großen Teil aus dem Mittelmeerraum stammen. Allerdings sollte man das nicht mit Trockenheitsverträglichkeit verwechseln.

WAS KOSTET DAS?

Die Bepflanzung hat einen Wert von circa 45 Euro. Das Hochstämmchen wird kühl überwintert. Der Lavendel bleibt sogar im Freien, ebenso die Minze.

WIE LANGE HÄLT DAS?

Die Gestaltung, bei der der Schwerpunkt auf dem Duft liegt, hält von Juni bis in den Oktober. Allerdings lässt der Duft dann doch deutlich nach.

NASCHWERK FÜR DIE ABSONNIGEN PLÄTZE

Der Schatten hat seine besonderen Reize. So kann man hier einmal ganz andere Nutzpflanzen ausprobieren. Kräuter und Obst, das mit wenig Sonne auskommt, lädt zum Naschen ein und gibt eine hübsche Struktur im mobilen Garten.

In den großen Gefäßen werden Nutzpflanzen im Halbschatten und Schatten schnell zu Selbstversorgern, weil die Verdunstung gering ist und das Wasser gut gespeichert wird. Sicherlich muss man ab und an die Feuchtigkeit regulieren, aber der Standort macht sehr pflegeleichte Pflanzkombinationen möglich. Und in diesem Fall kann man sogar noch ein Stück Selbstversorgung damit erzielen.

Die Auswahl der Pflanzen richtet sich nämlich zum einen nach dem Standort und zum anderen nach der Nützlichkeit der Pflanzen. Die Kombination besteht aus drei verschiedenen Beeren und dem Waldmeister als Würzkraut im Frühsommer. In dieser Kombination kann man davon ausgehen, dass die Bepflanzung auch mehrjährig kultiviert werden kann.

Blaubeersträucher werden immer öfter im Frühsommer angeboten. Es handelt sich dabei nicht um die kleinfrüchtigen Formen, die man wild im Wald antrifft, sondern um die deutlich größeren Kulturheidelbeeren. Sie haben einen relativ flachen Wurzelkörper, der keine tiefe Töpfe erforderlich macht. Die Beeren reifen in mehr oder weniger dichten Trauben und sind erst dann gut zu erkennen, wenn sie sich blau färben. Deutlich niedriger, aber von den Ansprüchen an einen leicht sauren Boden ähnlich wachsen die Preiselbeeren, die im Spätsommer die herbfruchtigen Beeren reifen lassen.

Als Blickfang wurde die großblütige, rosafarbene Erdbeersorte 'Pink Panda' ausgewählt. Sie blüht relativ lange. So kann man immer etwas naschen. Allerdings soll nicht verschwiegen werden, dass diese Sorte nicht ganz so aromatisch ist wie manche Walderdbeere. Von daher kann man in Erwägung ziehen, sie durch Walderdbeeren wie die Sorte 'Rügen' zu ersetzen und dafür auf die hübschen Blüten zu verzichten. Der Waldmeister schmückt sich im Mai mit weißen feinen Blütendolden.

WAS BRAUCHE ICH?

- 1 × Blaubeere *(Vaccinium myrtilus)*
- 2 × Preiselbeere *(Vaccinium vitis-idaea)*
- 2 × Erdbeere 'Pink Panda' *(Fragaria*-Hybride)
- 2 × Waldmeister *(Galium odoratum)*

In einem Substrat für Rhododendren und Moorbeetpflanzen fühlen sich die Sträucher und Stauden wohl, weil der pH-Wert relativ niedrig ist. Gleichzeitig ist ein solches Substrat reich an Humus, womit ein guter Wasserspeicher vorhanden ist.

Gepflanzt wird möglichst im Frühling, damit man die Entwicklung komplett erleben kann. Mit gelegentlichen Nährstoffgaben in Form von Flüssigdünger wird das Wachstum angekurbelt. Wenn die Blaubeeren anfangen reif zu werden, kann es selbst auf dem Balkon und ganz sicher auf der Terrasse Sinn machen, ein Schutznetz über den Strauch zu ziehen. Denn auch die Vögel haben schnell begriffen, dass Blaubeeren Köstlichkeiten sind.

Wer die Pflanzen mehrjährig kultiviert, sollte für einen etwas geschützten Platz für die Wintertage sorgen und darauf achten, dass der Ballen davor geschützt ist durchzufrieren. Da könnten gerade die Blaubeeren empfindlich reagieren. Vor allem der Wurzelbereich ist gefährdet, sodass man die Gefäße beispielsweise mit Noppenfolie oder dicken Vliesmaterialien einwickeln kann. Das verhindert ein Eindringen der Kälte in das Innere der Wurzelballen. Im Frühling schneidet man die Sträucher von Blaubeere und Preiselbeere einmal kräftig zurück, damit ein Neuaustrieb angeregt wird.

Alle zwei Jahre nimmt man die Pflanzen auf und befüllt die Gefäße mit frischer Erde. Dabei kann man die Erdbeeren teilen oder durch Jungpflanzen ersetzen – für den Fall, dass die Vitalität leidet. Der Waldmeister wächst in die Breite und sollte daher auch geteilt werden, damit der Platz im Topf auf die Dauer nicht zu eng wird. Wer den Waldmeister wenig attraktiv findet, pflanzt stattdessen eine niedrige Astilbe.

WELCHER STANDORT?

Halbschattig bis schattig können diese Töpfe stehen. Es soll aber nicht verschwiegen werden, dass die Erdbeeren von etwas mehr Sonne geschmacklich profitieren.

WAS KOSTET DAS?

Die Investition für diese Kombination beläuft sich auf etwa 40 Euro. Alle Pflanzen sind winterhart und mehrjährig, sodass man sie bei guter Pflege auch länger kultivieren kann.

WIE LANGE HÄLT DAS?

Bei zeitiger Pflanzung kann man das Ensemble das ganze Jahr über pflegen. Ende August ist die Erntezeit aber in jedem Fall abgeschlossen.

Die rosaroten Blüten der Erdbeere 'Pink Panda' leuchten aus dem grünen Laub heraus (oben links). Der Gemeine Bocksdorn – besser bekannt als Goji-Beere, ist ein ähnliches Beerengehölz, was man in Kombination mit Erdbeeren an etwas sonnigeren Plätzen erproben kann (links). Bei den Blaubeeren muss man darauf achten, dass man schneller ist als die Vögel, wenn man Beeren ernten will (oben).

EIN REMIX AUS BEWÄHRTEN KLASSIKERN

Das Pflanzenrepertoire mit Buntnessel, Korallfuchsie und Löwenmäulchen stammt aus einer anderen Zeit, aber in der farblichen Harmonie und den edlen hohen Gefäßen kommen sie ganz groß und durchaus zeitgemäß raus.

Eine Vielzahl von Balkonblumen sind schon seit langer Zeit im Repertoire. Sie haben sich für die Topfkultur bewährt, aber es hängt ihnen auch ein gewisser altmodischer Charme an. Dazu gehören Geranien ebenso wie Begonien, Fuchsien und Buntnessel. Das Löwenmäulchen als Klassiker des Bauerngartens reiht sich fast nahtlos in diesen Reigen ein.

Die ungefüllten Blüten der Pflanzenwahl stehen dabei für eine gewisse Natürlichkeit und so lassen sich die Klassiker mithilfe der Blütenfarbe geschickt miteinander verknüpfen. Der tonangebende Lachston ist mal kräftig, mal pastellig und mal mit Weiß vermischt, sodass sich eine schöne Variationsbreite ergibt. Dazu entsteht durch die rötliche Note im Blattwerk von Fuchsie und Buntnessel ein dunkler Kontrast, der die Farbe verstärkt.

Arrangiert sind die Pflanzen in schmalen, hohen Gefäßen, deren Oberfläche Bleigefäßen nachempfunden ist. Die Größe variiert und so fügen sich die unterschiedlichen Wuchsformen gut zusammen. Während im hinteren Topf Löwenmäulchen, Buntnessel und Geranie in die

WAS BRAUCHE ICH?

- 2 × Korallenfuchsie *(Fuchsia triphylla)*
- 1 × Buntnessel *(Solenostemon-*Hybride)
- 2 × Geranie *(Pelargonium-*Hybride)
- 1 × Löwenmäulchen *(Antirrhinum majus)*
- 1 × *Begonie* 'Summerwings Rose' *(Begonia-*Hybride)

Höhe wachsen, schießt die Korallenfuchsie mit ihren Trieben bis fast auf die gleiche Höhe und die Begonie hängt locker mit ihren blütenbesetzten Trieben nach unten. Auf kleinem Raum wird eine große Vielfalt miteinander verbunden.

Von der Besonnung ist eine halbschattige Situation ideal, weil sie den Standortansprüchen von Korallenfuchsie, Begonie und Buntnessel entspricht und die Blühfreudigkeit der Geranien ein wenig drosselt. Die Löwenmäulchen kommen ebenfalls gut mit der Lichtsituation zurecht, sodass sie den ganzen Sommer immer wieder neue Blüten bilden, so wie die anderen Balkonblumen auch. Ein Windschutz ist ideal, damit ein warmes Klima entsteht.

Die Fuchsienblüten hängen lang nach unten. Der Fruchtansatz wird abgeknipst (oben). Das Löwenmäulchen zählt zu den einjährigen Sommerblumen (oben Mitte). Geranien bilden kräftige Stiele mit zahlreichen Einzelblüten. Entfernt man einen welken Blütenstand, entwickelt sich rasch ein neuer (oben rechts). Die Begonien vertragen auf Dauer keine nasse Kälte und pralle Sonne (rechts).

Die Pflanzung dieser Kombination kann direkt im späten Frühling nach den Eisheiligen erfolgen. Allerdings muss man dann die Pflanzen vor Regen etwas schützen, denn wenn die Erde sehr nass ist, tun sich die Balkonschönheiten schwer mit der Entwicklung. Geranien kommen ins Stocken und die Begonien können leicht Mehltau bekommen. Bei der Pflanzung darf man die Abstände großzügig bemessen, denn alle Pflanzen werden sich im Laufe des Sommers kräftig entwickeln und so nicht nur höher, sondern auch breiter werden.

Die Löwenmäulchen sind anfangs meist noch eher klein. Erst wenn die Wärme zunimmt, wachsen sie schneller. Da Fuchsie und Begonie durchaus als salzempfindlich einzuordnen sind, sollte man eine Erde ohne Dünger verwenden und lieber wöchentlich einmal schwach dosiert einen Flüssigdünger mit dem Gießwasser ausbringen. Dabei sollte aber die Erde immer schon feucht sein und die Nährstofflösung in keinem Fall auf das trockene Substrat gegeben werden.

Die Arbeiten, die im Laufe des Sommers anfallen, sind gering. Nur die Blüten werden immer wieder ausgeputzt. Welke Blütenstände der Löwenmäulchen werden abgeschnitten, damit sich keine Samen, sondern neue Knospen bilden. Die Geranienstiele kann man ausbrechen oder mit der Schere abschneiden. Beginnt die Buntnessel zu blühen, werden die Blätter deutlich kleiner, sodass man die Blütenstände auch entfernen kann. Wächst die Buntnessel gut, dann ist ein Rückschnitt ohnehin geboten, damit die Pflanze weiterhin kompakt bleibt. Auch bei der Korallenfuchsie kann ein solcher Rückschnitt die Pflanzen wieder in Form bringen. Nur die Begonien sind selbstreinigend, was bedeutet, dass sie die Blüten von allein abwerfen und man sie nur zusammenkehrt.

WELCHER STANDORT?

Halbschattig bis schattig können diese Töpfe problemlos stehen. Der Wuchs ist nur etwas schwächer bei weniger Licht.

WAS KOSTET DAS?

Mit unter 30 Euro bleibt man bei dieser Kombination recht günstig. Im Vergleich zu den anderen Gestaltungen ist der Topfdurchmesser gering und man kommt mit weniger Pflanzen aus.

WIE LANGE HÄLT DAS?

Nach den Eisheiligen gepflanzt, bleibt die Kombination bis Anfang Oktober ansehnlich. Wichtig ist, dass man gelegentlich zur Schere greift, damit die Pflanzen nicht zu stark wuchern und Welkes entfernt wird.

FINALE IM HERBST

Neben bunten Blüten und farbigen Blättern laden die herbstlichen Strukturen zu neuen Designs ein. Sie verleihen dem mobilen Garten bis in den Winter eine attraktive Note. So lässt sich der Übergang gestalten, bis zum Ende des Winters die ersten Zwiebelblumen erwachen.

SATTE ROTTÖNE IN SILBRIGEM LAUBBETT

Wenn die ersten Töpfe verblüht sind und nicht mehr schön aussehen, helfen vor allem die farbenfrohen Alpenveilchen dabei, dass nochmals eine kraftvolle Symphonie aus Rot, Pink und Rosa im mobilen Garten erklingt.

Seit einigen Jahren gibt es im Herbst kleinblumige Alpenveilchen, die eine gewisse Toleranz gegen kältere Temperaturen haben. Sie sind keineswegs winterhart und dauerhaft frostfest, aber eine kühle Periode oder eine Frostnacht macht ihnen nichts aus. So eignen sich diese Hybriden wunderbar für die Topfbepflanzung im Freiland. Die Blüten stehen dicht nebeneinander und meist verbergen sich zum Zeitpunkt des Kaufes noch unzählige Knospen unter dem Blattwerk. Die zweite Attraktion der farbenfrohen Herbstblüher ist das Laub. Die herzförmigen Blätter sind oliv- bis dunkelgrün und weißlich marmoriert. Das belebt die Situation und schmückt auch, wenn noch nicht so viele Blüten geöffnet sind.

Im Einklang mit diesem Blattschmuck steht die Begleitung durch verschiedene Pflanzen, die ein silbriges Laub haben. Hierzu zählen das Silberblatt mit den weißen filzigen Blättern, die Stacheldrahtpflanze mit dem kugeligen Wuchs und scheinbar blattlosen Trieben sowie der Blauschwingel, der mit seinen Halmen wie kleine Fontänen aussieht. So entsteht ein Kontrast, der sich zwischen die ganz verschiedenen Rot- und Rosatöne der Alpenveilchen legt. Dabei schafft das Laub eine gute Verknüpfung zum puristischen Großgefäß in hellem Grau. Die Oberfläche ist glatt und aus der Nähe erinnert das Material an Terrazzo, weil viel kleine dunkle Sprenkel das Gefäß schmücken. So ist es wenig anfällig für Verschmutzungen, die sich auch leicht mit einem Besen abfegen lassen.

Das Ensemble schafft einen schönen Blickfang im herbstlichen Garten, der sonst nur noch wenige Attraktionen zu bieten hat. Die Rottöne der Alpenveilchen passen gut in das herbstliche Treiben und locken einen, nochmals die Schönheit von Fruchtständen und Laubfärbungen aus der Nähe zu betrachten.

WAS BRAUCHE ICH?

- 6 × Alpenveilchen *(Cyclamen persicum)*, Midi-Gruppe
- 2 × Stacheldrahtpflanze *(Calocephalus brownii)*
- 2 × Blauschwingel *(Festuca glauca)*
- 2 × Silberblatt *(Jacobaea maritima)*

Das Silberblatt wächst meist noch etwas aus der Pflanzung heraus (oben). Die Alpenveilchen haben beim Kauf unzählige Knospen. Wichtig ist, dass man nicht vergisst zu gießen, damit sich alle schön entwickeln. Welkes zupft man am Stiel heraus (oben rechts). Die Stacheldrahtpflanze kommt bei uns kaum zum Blühen, ist aber eine aparte Ergänzung für herbstliche und winterliche Kombinationen (rechts).

Die ersten Alpenveilchen bekommt man bereits Ende August angeboten. Oft ist es dann noch fremd, sich auf den Herbst einzustimmen. Man will die Sommerzeit noch nicht gehen lassen. Daher ist es hilfreich, jetzt nicht bereits voll aufgeblühte Exemplare zu kaufen, sondern möglichst knospige. Man erlebt das Erblühen und kann den Übergang aktiv gestalten.

Wenn man das Herbstarrangement pflanzt, braucht man weder eine gedüngte Erde noch große Pflanzabstände. Die im Beispiel verwendeten Blüten- und Blattschmuckpflanzen sind im Grunde ausgewachsen, sie brauchen keinen Platz, um sich entfalten zu können. Beim Pflanzen gilt es darauf zu achten, dass die Zwischenräume gut mit Substrat gefüllt werden, damit die Ballen gut mit Wasser versorgt werden und nicht austrocknen. Darin besteht im Spätsommer nämlich die größte Gefahr. Wind und Sonnenschein lassen die Pflanzen schnell austrocknen. Auch die dichte Bepflanzung lässt keinen Regen bis an die Erde durchdringen. So sollte man immer mit dem Finger die Feuchtigkeit kontrollieren und bei Trockenheit gießen.

Wenn die Alpenveilchen erblühen, kann man sie nochmals mit etwas Flüssigdünger verwöhnen. Aber maximal zwei Gaben im Abstand von zehn Tagen sind erforderlich, damit genügend Kraft für die anhaltende Blüte da ist. Als weitere Pflegemaßnahme gilt es welke Blüten zu entfernen, weil sie mit den langen, schlaff gewordenen Stielen schlapp zwischen Knospen und Blattwerk liegen. Ideal ist eine spitze Kräuterschere, um die Stängel zwischen den Blättern abzuschneiden. Wer früh angefangen hat, kann die Alpenveilchen, wenn sie verblüht sind, austauschen. In den Winterwochen passen leuchtend rote Alpenveilchen in die weihnachtliche Stimmung. Mit ein paar silbernen Kugeln bekommt das Arrangement eine Auffrischung.

WELCHER STANDORT?

Ein sonniger Platz ist schön, weil die Farben strahlen und sich gut ergänzen. Außerdem trocknet die Erde in der Sonne besser ab. Frost macht wenig aus. Dagegen lässt Nässe die Alpenveilchen schneller verblühen und auch die strahlenden Grautöne leiden bei anhaltender Feuchtigkeit von oben. Ein Platz an der Haustür wäre ideal.

WAS KOSTET DAS?

Insgesamt sind es rund 35 Euro, die man für die Pflanzen einplanen muss.

WIE LANGE HÄLT DAS?

Die Pflanzen können im September gesetzt werden und halten dann gut fünf bis sechs Wochen.

HERBSTLICHE LANDLIEBE EN MINIATURE

Die Apfelernte steht jetzt an, dabei hängen nicht nur die Bäume im Garten und in den Plantagen voller Früchte, sondern auch an den Ästen der Zieräpfel leuchten die Äpfelchen und holen das Landgefühl auf die Terrasse.

Wenn überall die Äpfel reifen, dann auf jeden Fall auch auf dem Balkon im Mehrfamilienhaus oder im städtischen Innenhof. Der Mini-Zierapfel macht es möglich, dass die Träume der Landlust im eigenen Umfeld ein Bild bekommen. Dabei bietet der Topf dem Ballen ausreichend Platz und auch einen guten Schutz in Hinblick auf die Wintertage.

Die Gestaltung der drei Kübel im Rusty-Style kommt mit drei Pflanzen aus, die von ihrem Erscheinungsbild ganz unterschiedlich sind. Sie verbindet ein Farbton. Ein mattes, im Umfeld von Grün bräunlich frisch wirkendes Rot leuchtet zart. Es findet sich natürlich auf der Schale der kleinen Zieräpfel. Vor allem die sonnenbeschienene ist kräftig gefärbt, von der anderen Seite kommt ein gelbgrüner Schimmer durch. Ebenso hüllen sich die Kelchblätter der Großblütigen Abelie in diesen Ton. In diesem Fall mischt sich der Farbeindruck mit dem Weiß der Blüten und so entsteht ein Schimmer von hellem Rosa. Beim Mauerpfeffer entwickelt sich das Rot in den unteren Blättern und verwebt sich mit dem matten Grün der Triebspitzen.

WAS BRAUCHE ICH?

- 1 × Zierapfel 'Ola' *(Malus)*
- 4 × Großblütige Abelie *(Abelia × grandifolia* 'Prostrata')
- 5 × Mauerpfeffer *(Sedum acre)*

Natürlich wird dieser im wahrsten Sinne des Wortes rote Faden durch die Töpfe, die aus der gleichen Serie stammen, unterstützt. Ebenso wie die Wiederholungen der Pflanzen in den Töpfen, wobei der Zierapfel natürlich eindeutig der Blickfang ist.

Die zierenden Äpfel hängen bis in den Herbst an den Trieben und werden dann meist von den Vögeln verspeist. Im Frühling sorgt der Apfel übrigens nochmals für einen schönen Blickfang, wenn er sich mit seinen Blüten in einem kräftigen Rosa schmückt. Wer im Fachhandel diese Sorte nicht findet, kann natürlich auf andere, auch etwas größer gewachsene Formen des Zierapfels zurückgreifen. Wichtig ist aber, dass man die Farbe der Früchte kennt und dann die entsprechend passenden Partner wie beispielsweise das Purpurglöckchen oder den Günsel findet.

Beim Einkauf gibt es zwei Aspekte zu beachten: Die Großblütige Abelie, die übrigens einen feinen Duft verströmt, sollte noch möglichst knospig sein, damit man lange etwas von der späten Blüte hat. Beim Zierapfel geht es darum, dass man ihn vorsichtig transportiert, damit möglichst keine Äpfel abfallen.

Alle Pflanzen sind mehrjährig, dass heißt, man könnte das Ensemble auch zu einer festen Gestaltung an einem bestimmten Platz machen. Allerdings muss man einschränken, dass bis auf den Zierapfel keine großartigen Attraktionen für den Frühling zu erwarten sind. Man könnte aber einige kleine Zwiebelblumen wie Schneestolz oder Blausternchen direkt mit in die Pflanzung integrieren, um zumindest im Frühling noch einen weiteren Aspekt zu haben.

Im Herbst besteht die Pflege vor allem darin, dass die Pflanzen nicht vertrocknen. Das ist erst recht bei einer frischen Pflanzung wichtig, weil kein Einwurzeln stattfindet. Düngergaben sind überflüssig, weil der Vorrat in der Erde ausreicht und das Wachstum vor dem Winter auch nicht mehr angekurbelt werden soll.

Bei mehrjähriger Kultur ist es wichtiger, dass man später die Gestaltung schützt. Mithilfe von Tannenreisig oder Vlieshauben verhindert man, dass es zu Frostschäden kommt. Darüber hinaus schützt das vor zu viel Nässe. Diese ist vor allem für die Wurzeln eine Herausforderung. So kann man auch einen etwas regengeschützten Platz, zum Beispiel im Schutz des Dachüberstandes, suchen.

Bei mehrjähriger Kultur schneidet man im Frühjahr die Abelie etwas zurück, um eine kompakte Form zu bewahren und den Neuaustrieb anzuregen. Auch das *Sedum* kann bei üppigem Wuchs etwas heruntergeschnitten werden.

WELCHER STANDORT?

Ein sonniger Standort ist ideal, weil sich in der Wärme die Abelie mit ihrer Blütenpracht sehr schön entfaltet. Ein gewisser Regenschutz ist förderlich.

WAS KOSTET DAS?

Zwischen 15 und 20 Euro kostet das Apfelbäumchen. Für die vier Abelien muss man 20 Euro rechnen. Der Mauerpfeffer kostet pro Topf zwei bis drei Euro. Verwendet haben wir sechs Stück.

WIE LANGE HÄLT DAS?

Der Schmuck hält zwischen sechs und acht Wochen. Alle Pflanzen sind mehrjährig. Mit Winterschutz durch Vlies und geschütztem Stand erfreut die Kombination auch im zweiten Jahr.

Die Apfelernte fällt gut aus, allerdings ist man bei diesem Bäumchen froh um jeden Tag, an dem die Früchte hängen bleiben (oben links). Die Abelie strahlt mit ihren Blüten in reinem Weiß dagegen an und nimmt mit den Kelchblättern die Farben der Äpfel auf (links). Ebenso ist der flach wachsende Mauerpfeffer mit einer leicht rötlichen Färbung auf diese Palette eingespielt (oben).

MIT DEM TEMPERAMENT LEUCHTENDER FARBEN

Astern und Lampionblumen sorgen im Herbst zwischen den Gräsern für kraftvolle Akzente, die dem Hauseingang einen leuchtenden Blickfang bescheren. Dabei lassen sich die Pflanzen von den sinkenden Temperaturen nicht beeindrucken.

Wie ein Signal reihen sich die blasenartigen Früchte der Lampionblume an den Trieben auf und schenken dieser an sich unscheinbaren Pflanze zum Ende der Saison endlich Aufmerksamkeit. Sie reifen von unten nach oben, wodurch sich zusammen mit dem anfangs noch immer frischen Grün der Blätter eine leuchtende Kombination ergibt. Orange ist eine typische Farbe für die dritte Jahreszeit, die sich auch in den färbenden Blättern der Laubgehölze und den reifenden Früchten wie den Kürbissen widerspiegelt. Es empfiehlt sich Lampionblumen zu kaufen, die noch blühen, damit sich die Früchte langsam entwickeln und noch bis spät in den Herbst vor hellbraunen Gräserbüscheln leuchten.

Als Kontrast zur Signalfarbe passen die lilavioletten Strahlenblüten der niedrigen Herbstastern. Sie erblühen allmählich und wenn der Standort nicht vollsonnig ist, kann man diese Entwicklung in aller Ruhe genießen. Die kugelig aufgebauten Büsche sind zur Zeit des Kaufs bereits vollständig ausgewachsen, sodass man keine Rücksicht auf weite Pflanzabstände nehmen muss. Als Auflockerung der beiden markanten Farbflecken mischt sich das Zwerg-Lampenputzergras 'Little Bunny' dazwischen. Unzählige etwa fünf Zentimeter lange feine Blütenwalzen zeigen sich zartbeige in den frischgrünen Grasbüscheln. Dieses Trio aus Blatt-, Blüten- und Fruchtschmuck passt in die braunen, zylinderförmigen Gefäße mit einer Sandsteinoptik. Die unterschiedlichen Pflanzenhöhen werden durch die verschiedenen Topfgrößen auf eine gleichmäßige Endhöhe zusammengebracht, die das Ensemble wie eine Klammer umschließt.

Die Farben werden sich im Laufe der ersten Wochen deutlich intensivieren. Sie trotzen strahlend dem trüben Herbstwetter und heißen Gäste am Hauseingang willkommen.

WAS BRAUCHE ICH?

- 3 × Kissenaster in Sorten *(Aster dumosus)*
- 5 × Lampionblume *(Physalis alkekengi* var. *franchetii)*
- 4 × Zwerg-Lampenputzergras 'Little Bunny' *(Pennisetum alopecuroides)*

Astern wirken mit den Strahlenblüten natürlich und nehmen mit der goldgelben Mitte die Verbindung zum Orange auf (oben). Aus den unscheinbaren weißen Blüten wachsen im Laufe des Spätsommers die orangefarbenen Mini-Laternen heran. Sie sollten nicht gegessen werden (oben rechts). Die duftigen Walzen des Zwerg-Lampenputzergrases verleihen der leuchtenden Farbkombination Leichtigkeit (rechts).

Die farbenfrohe Dreierkombination könnte in dieser Form auch im herbstlichen Garten mit leichtem Schatten zu finden sein. Daher werden die Lampionblumen kompakt als Gruppe angeordnet. Die Staude breitet sich durch Ausläufer aus und besiedelt so größere Flächen vor Hecken oder unter kleineren Bäumen. Dieses ist vor allem dann wichtig, wenn man die Pflanzen anschließend in den Garten pflanzen möchte, anstatt sie wegzuwerfen. Für die herbstlich Tischdekoration oder als Zierde an Lichterketten kann man einzelne Früchte aus der Mitte des Topfes abzupfen.

Astern und Gräser werden dagegen im Wechsel gepflanzt, sodass sich die Strukturen aus Blütentrieben und Gräserhalmen ineinander verweben. Wenn sie anfangs noch etwas steif und getrennt voneinander stehen, geht man locker mit den Händen dazwischen und hilft dem Zusammenspiel auf die Sprünge. Dabei ist es ratsam, Handschuhe zu tragen, um sich vor Verletzungen zu schützen.

Je sonniger und wärmer der Herbst, desto schneller öffnen sich die Blüten der Kissenastern. Entsprechend schnell ist der Zenit überschritten. Man kann entweder nochmals neue Astern pflanzen oder aber der Situation mit Chrysanthemen zu neuem Schwung verhelfen. Dabei sollte man entweder auf gelbe Blütenfarben setzen oder die Kombination von Rost- und Burgunderrot wählen.

Der Austausch ist problemlos möglich, da weder Astern noch Gräser in den Wochen stark verwurzeln. So lässt sich der Wurzelballen mit etwas Fingerspitzengefühl herausziehen und durch die neuen Pflanzen ersetzen. Wichtig ist, diese behutsam anzudrücken und zu gießen. Damit stellt man sicher, dass der Ballen Feuchtigkeit aus dem Substrat ziehen kann und gut versorgt ist.

WELCHER STANDORT?

Die Besonnung spielt keine Rolle. Von Schatten bis Sonne ist alles möglich. Allerdings ist es schön, wenn das Sonnenlicht durch die orangefarbenen Fruchtstände leuchtet, und auch das Gras hat es lieber etwas wärmer.

WAS KOSTET DAS?

Gräser und Astern kosten zwischen drei und vier Euro. Bei den Lampionblumen schwankt der Preis zwischen vier und acht Euro, je nach Qualität der Pflanzen.

WIE LANGE HÄLT DAS?

Gräser und Lampionblumen sind bis Ende November eine Pracht. Sind die Kissenastern verblüht, tauscht man sie durch frische Pflanzen aus.

DER NATÜRLICHE ZAUBER DER GRÄSER

Die filigrane Struktur des Laubes macht Gräser zu einem wichtigen Gestaltungselement im mobilen Garten. Sie schaffen mit der Farbe einen stimmungsvollen Hintergrund für die Blüten der Nachbarpflanzen und sorgen für eine natürliche Note.

Gräser haben eine ganz besondere Ausstrahlung, weil sie mit ihren langen, schmalen Blättern eine besondere Wirkung haben. Gräser sind allgegenwärtig, wenn es um die Gartenkultur im weitesten Sinne geht. Als Rasen, als Nahrungsmittel und als Energielieferant haben sich Gräser einen Namen gemacht. Gestalterisch sind sie sehr vielfältig. An fast jedem Standort wachsen Gräser. Daher ist es auch kein Problem, ihnen einen Platz in Topfgestaltungen zu geben. Sie lockern auf und lassen sich von den Luftbewegungen zum Tanz auffordern.

Die kleinen Blütenstände des Zwerg-Lampenputzergrases spielen mit den herbstlichen Sonnenstrahlen.

Jahreszeitlich passen Gräser sehr gut in den Herbst. Die meist duftigen Blütenstände sind eine prachtvolle Ergänzung in dieser Zeit. Dabei gibt es ganz unterschiedliche Formen, von feinen, stark verzweigten Blüten des Diamantgrases über die Fontänen des Zwerg-Chinaschilfs bis hin zu den bürstenähnlichen Walzen von Lampenputzer- und Federborstengras.

EINE FARBPALETTE MIT VIELEN VARIATIONEN

Denkt man an den Rasen, liegt die Assoziation zu Grün glasklar auf der Hand. Die Farbpalette gestaltet sich deutlich abwechslungsreicher und verläuft von einem silbrigen Grau über Grün und Gelb bis hin zu den verschiedensten Rottönen. Dazu kommen noch die weiß und gelb gezeichneten Gräser, die viel Licht ins Spiel bringen. Grundsätzlich unterstützen die Gräser auf diese Art und Weise die Wirkung von vorhandenen Blütenfarben. Dieses Zusammenspiel funktioniert vom Frühjahr bis in den Herbst. Gräser vermitteln häufig das Bild von bewegtem Wasser. Mal sind es die Blüten, die an Wassersprüher erinnern, mal die Blätter, die wie ein Wasserstrahl wirken. Dadurch ensteht im mobilen Garten eine neue Dimension für die Gestaltung und die Betonung von Achsen in einem pflanzlichen Arrangement. Die Dominanz der Struktur verleiht durch Wiederholung Rhythmus.

Die intensive rote Färbung der Blätter hat dem Japanischen Blutgras 'Red Baron' seinen Namen gegeben.

Die Blütenähren des einjährigen Federborstengrases erscheinen den ganzen Sommer und schwingen locker über einer Topfpflanzung.

GRASIGE SOLITÄRE FÜR SONNE UND SCHATTEN

Manches Gras hat das Talent, eine Solorolle zu übernehmen. Für den mobilen Garten bedeutet das, einzelne Arten wirken auch im großen Topf ganz alleine oder im Zusammenspiel in getrennten Gefäßen. Das Japanische Berggras beispielsweise lässt seine Halme gleichmäßig wie ein Wasserfall nach vorüberwachsen, sodass es keine Begleiter braucht. Ebenso ist ein halbhohes Chinaschilf, z. B. die Sorte 'Red Chief', sich selbst genug. Einzig ein zweiter Topf ausschließlich mit Japanischem Blutgras könnte als Ergänzung angedacht werden. Gerade zu einer sachlichen Architektur passt die Natürlichkeit.

BEKANNTE GRÄSER

- Japanisches Blutgras *(Imperata cylindrica,* z. B. 'Red Baron')
- Mehrjähriges Lampenputzergras *(Pennisetum alopecuroides)*
- Federborstengras *(Pennisetum setaceum)*
- Japanisches Berggras *(Hakonechloa macra)*
- Schopf-Segge *(Carex comans)*
- Regenbogen-Schwingel *(Festuca amethystina)*
- St.-Augustin-Gras *(Stenotaphrum secundatum)*

DIE ZARTE SCHÖNHEIT DES ERSTEN NEBELS

Der Altweibersommer bringt es an den Tag, dass der Sommer vorüber ist. Morgens bildet sich Tau und manchmal wabert schon der Nebel aus den Wiesen. Das lässt die Farben blasser werden. Das Bild hat zu dieser Kombination inspiriert.

Im September guckt man eines Morgens aus dem Fenster und denkt: Jetzt ist er da – der Herbst. Nebelschwaden liegen vor dem an sich strahlend blauen Himmel und die Spinnennetze werden durch die wie Perlen aufgereihten Wassertropfen sichtbar. Die kühler werdenden Nächte lassen das Wasser in der Luft kondensieren und so entstehen die zarten Schleier, die später am Vormittag meist schon von den Sonnenstrahlen durchdrungen werden. Farben werden abgemildert und so entsteht eine Situation, die von Pastelltönen geprägt ist.

WAS BRAUCHE ICH?

- 3 × Herbst-Anemone *(Anemone hupehensis* var. *japonica)*
- 3 × Purpur-Fetthenne 'Herbstfreude' (*Sedum*-Telephium-Hybride)
- 2 × Schopf-Segge 'Frosted Curls' (*Carex comans*, auch als *C. albula* im Handel)

Genau diese Stimmung greift die Kombination aus Herbstschönheiten in dieser Gestaltung auf. Verwendet werden ausschließlich mehrjährige Stauden. Den Hintergrund bilden die kräftigen Stiele der Herbst-Anemonen. An jeder Verzweigung tanzen die porzellanartig wirkenden Blütenschalen. Sie halten sich in einem zarten Rosa. Im kräftigen Kontrast dazu steht die gelbe Blütenmitte, die angenehme Wärme ins Spiel bringt.

Darunter baut sich eine Ebene mit den Blütentellern der Purpur-Fetthenne auf. Im Bild links sind die Knospen noch geschlossen und die Blütenstände stehen noch recht kompakt. In der Herbstsonne entfalten sich diese Dolden und nehmen eine zartrosa Färbung an. Hier wird man unzählige Insekten in den nächsten Wochen finden, denn die späten Pollen- und Nektarquellen sind beliebt. Das Blattwerk der Fetthenne ist fleischig verdickt und hat eine graugrüne Farbe, die gut in das Bild des Herbstnebels passt. Die kräftigen Stiele bleiben bis in den Winter stehen und geben noch eine attraktive Silhouette ab. Dazwischen lockern die Büschel der Schopf-Segge dezent die kompakten Formen der Fetthenne auf. Die silbrig grünen Blätter sind leicht gedreht und erinnern dadurch an einen Lockenschopf.

Hinsichtlich der Pflege ist das Trio in dem großen quadratischen Kübel nicht anspruchsvoll. Die Purpur-Fetthenne deutet mit ihren fleischigen Blättern bereits an, dass sie sich zeitweise auch sehr gut selbst versorgen kann. Allerdings können die Blütenstiele – so kräftig sie auch gebaut sind – durch das Gewicht der Blüten durchaus seitlich umkippen. Das verhindert man am besten dadurch, dass man lange Stäbe als Stützen zwischen die Blütenstängel steckt.

Die Schopf-Segge eignet sich für große Gefäße sehr gut, weil es andauernde Trockenheit nicht so gut verträgt und die Gefahr durch das große Topfvolumen relativ gut eingegrenzt werden kann. Vorübergehende Trockenperioden werden durchaus geduldet. Das hellgrüne Gras ist in geschützten Lagen winterhart. Allerdings kann es bei der Herbstpflanzung durchaus zu Ausfällen kommen, weil die jungen Exemplare nicht mehr einwurzeln. Neben den kalten Temperaturen kann die winterliche Feuchtigkeit im Blattschopf den Neuaustrieb im Frühling hemmen.

Die Herbst-Anemonen blühen dadurch vor allem lange, dass an den Stielen Knospen in unterschiedlichen Altersstadien wachsen. Aber auch die verblühten Exemplare zeigen sich äußerst attraktiv: Zunächst bleibt ein kugeliger Fruchtstand stehen, der im Spätherbst und Winter aufplatzt und dann an große Schneeflocken erinnert. Mit dem Wind ziehen die watteartigen Samenstände auf und verteilen sich über die Luft.

Natürlich kann man die mehrjährige Kombination geschützt überwintern. Damit das Frühjahr auch ein bisschen Attraktivität zeigt, kann man nicht zu hohe Narzissen und Tulpen direkt bei der Pflanzung mit in den Topf legen.

WELCHER STANDORT?

Sonnig bis halbschattig sind die bevorzugten Plätze für diesen mobilen Garten. Etwas weniger Sonne hat den Vorteil, dass die Anemonen länger halten.

WAS KOSTET DAS?

Keine 40 Euro muss man für die Pflanzen berechnen und dabei kann anschließend alles ins Freie gepflanzt werden. Wer keinen eigenen Garten hat, macht Gartenbesitzer glücklich.

WIE LANGE HÄLT DAS?

Die Blütezeit währt gut sechs Wochen, aber letztlich sieht die Kombination auch später noch sehr natürlich und schön aus, denn die Anemonen bilden kugelförmige Fruchtstände.

Die Schalen der Anemonen sind blassrosa und leuchten durch den Kontrast zu den gelben Staubgefäßen. (oben links). Das *Sedum* bildet breite Blütenteller, die in den Herbstwochen ein Magnet für allerlei Insekten sind (oben). Die Schopf-Segge erinnert ein bisschen an einen Lockenkopf, da sich die Blätter ganz charakteristisch drehen. Für die Überwinterung ist ein bisschen Schutz zu empfehlen (links).

ROSAROTER ZAUBER BIS IN DEN ADVENT

Durch Vielfalt entwickelt sich diese Gestaltung in den Herbstwochen und bietet immer wieder neue Attraktionen. So erscheint das Topfduo wie ein Herbstbeet und ersetzt voll und ganz den Garten nach dem Motto: Klein, aber fein!

Im Herbst gibt es noch viele Schönheiten, die man gut miteinander verbinden kann. In diesem Fall ist es ein rosaroter Faden, der Blüten-, Blatt- und Fruchtschmuck, der die Pflanzen verknüpft. Dabei spielen Klassiker wie Heidekraut und Chrysanthemen eine ebenso große Rolle wie Besonderheiten, zum Beispiel Japanischer Garten-Enzian oder Schneefelberich. Die beiden Töpfe sind unterschiedlich groß und verschieden bauchig, aber die reliefartige feine Bänderung ist bei beiden gleich. Sie sorgt für einen ruhigen Gegenpol zum Formenmix der Bepflanzung.

Volumen entsteht in der Zusammenstellung zunächst einmal durch das Heidekraut. Dabei wird die sogenannte Knospenblühende Heide gewählt, die ihre Knospen färbt, aber nicht öffnet. Dadurch wird der Prozess des Verblühens unterbunden und die Farbe wird bis in den späten Herbst gut gehalten. Ebenso sorgen die einfachen hellrosa blühenden Chrysanthemen für einen großflächigen Farbeindruck. Als Pendant erweist sich die rosafarbene Torfmyrte mit unzähligen rosafarbenen Beeren, die wie dicke Perlen aufgereiht an den Trieben sitzen. Ein richtiger Blickfang ist dann der Japanische Garten-Enzian mit pinkfarbenen Blüten. Er wird blühend im Herbst angeboten und ist eine sehr hochwertige Attraktion.

WAS BRAUCHE ICH?

- 4 × Knospenblühendes Heidekraut *(Calluna vulgaris)*, z. B. 'Gardengirls'
- 2 × Torfmyrte, rosa (*Pernettya mucronata*, syn. *Gaultheria)*
- 2 × Japanischer Garten-Enzian *(Gentiana makinoi* 'Little Pinkie')
- 3 × Schneefelberich *(Lysmachia ephemerum)*
- 2 × Dreifarbiger Salbei *(Salvia officinalis* 'Tricolor')
- 3 × Chrysantheme, ungefüllt hellrosa blühend *(Chrysanthemum*-Hybride)

Zur Auflockerung stellt dazwischen der Schneefelberich seine weißen Blütenkerzen auf. Außerdem verbindet der Dreifarbige Salbei die verschiedenen Farbtöne in seiner ungleichmäßigen Blattfärbung und sorgt für eine dichte Fülle in der Bepflanzung.

Ein Rückschnitt nach der Blüte und ein Platz im frischen, sauren Boden gibt dem Garten-Enzian aus Japan die Chance zu einer zweiten »Karriere« (oben). Der Ziersalbei 'Tricolor' sieht nicht nur schön aus. Man kann die Blätter auch wie den Küchensalbei verwenden und damit italienische Speisen würzen (oben rechts). Die Torfmyrte sorgt mit den Beeren dafür, dass der Rosaton lange hält (rechts.)

Die Pflanzen können zum Großteil dicht nebeneinandergepflanzt werden, weil sie bereits in einem Stadium gekauft werden, in dem sie ausgewachsen sind. Nur beim Schneefelberich sollte etwas mehr Platz gelassen werden, damit sich die Horste mit den Blüten noch etwas entfalten können.

Behutsames Einpflanzen hat den Vorteil, dass die Ballen alle einen guten Bodenschluss haben. Es werden sich keine Wurzeln mehr bilden und so ist es wichtig, dass die vorhandene Feuchtigkeit ohne große Luftlöcher in die Ballen ziehen kann. Gerade das Heidekraut hat meist einen gut durchgewurzelten Ballen, der diese Verbindung benötigt.

Die Pflanzen werden locker gemischt und bei der Anordnung sollte man immer beide Gefäße im Blick haben, sodass Wiederholungen vorhanden sind, aber nicht nebeneinanderstehen, sondern wie eine Klammer die Gestaltungen zusammenfügen.

Gegossen wird regelmäßig, damit alle Pflanzen gut mit Wasser versorgt sind. Dagegen kann man sich das Düngen tatsächlich sparen, weil die Nährstoffe nicht verwendet werden können.

Meist ist zuerst der Enzian verblüht. Er hinterlässt eine Lücke, die man beispielsweise mit einem Zierkohl füllen kann. Auch die Chrysanthemen könnte man nach einer gewissen Zeit austauschen, um die Haltbarkeit des Gesamtarrangements zu verlängern.

Der Salbei ist eine Sorte des normalen Küchensalbeis. Das bedeutet zum einen, dass die Blätter tatsächlich auch in der Küche verwendet werden können. Zum anderen ist es eine der wenigen Pflanzen in dieser Gestaltung, die tatsächlich winterhart sind und auch für eine Frühlingskombination verwendet werden können, wenn man sie geschützt überwintert.

WELCHER STANDORT?

In der Sonne entfaltet sich die Bepflanzung wunderbar. Bei anhaltend schlechtem Wetter tut ein Regenschutz gut, weil er verhindert, dass die hellen Blüten der Chrysanthemen braun werden.

WAS KOSTET DAS?

Etwas mehr als 50 Euro muss man ausgeben, um die beiden Töpfe herbstlich zu bepflanzen.

WIE LANGE HÄLT DAS?

Da die Bepflanzung nicht nur durch Blüten, sondern auch durch Laub- und Fruchtschmuck wirkt, ist es bis zur Adventszeit eine sehr ansehnliche Kombination. Einzig der Enzian, ein Blickfang für das Besondere, ist früher welk.

EINE MOOSLANDSCHAFT AUS DEM WINTERWALD

In dem großen Topf ist die Oberfläche zu einer naturnahen Mooslandschaft gestaltet. Diese pflegeleichte Situation lässt sich sehr schön mit Kindern zusammen basteln und mit Fundstücken aus dem Wald ausschmücken.

WAS BRAUCHE ICH?

- 1 Kiste Moos
- Zieräpfel, verschiedene Größen
- 3 × Pinienzapfen
- 12–15 Zapfen, verschiedene Größen
- Äste mit Flechten
- kleine Mistelzweige

Der Herbst ist vorüber und auch die Chrysanthemen haben sich verabschiedet. Jetzt ist die Frage: Was macht man mit dem Gefäß? Tatsächlich nochmals für den Winter bepflanzen? Warum nicht – mit Moos entsteht ein Blickfang, der dezent gestaltet ist und vielleicht mehr an einen Waldboden erinnert als an eine Balkonbepflanzung. Es ist eine Attraktion der besonderen Art mit vielen Fundstücken und einer sehr natürlichen Ausstrahlung.

Die gesamte Topffläche wird bei dieser Kreation mit Moospolstern modelliert. Die alte Erde bleibt im Gefäß. Die Löcher, die von den entfernten Pflanzen zurückgeblieben sind, füllt man mit Erde. Dabei kann das verbrauchte Substrat aus anderen Gefäßen verwendet werden oder man besorgt sich einen günstigen Rindenmulch. Die Oberfläche selbst muss nicht ganz gerade sein. Im Gegenteil, wenn man eine Landschaft modelliert, können Spannungen entstehen. Als Erstes werden die Pinienzapfen leicht in die Erde gedrückt. Dabei sollte man mit der Form spielen, sodass sie jedes Mal ein bisschen anders liegt und eine andere Ansicht zu sehen ist. Nun wird vom Rand her das Moos Polster für Polster angedrückt. Es sollte schön fest sitzen und bündig mit den Rändern abschließen. Die Pinienzapfen werden quasi vom Moos umschlossen.

Nun werden die anderen Zapfen locker verteilt. Damit alles natürlich wirkt, hilft ein kleiner Trick: Man legt die Zapfen nicht, sondern sie werden einfach geworfen; die großen einzeln und die kleineren schmeißt man zu mehreren über dem Topf in die Luft. Dort, wo sie landen, drückt man sie kräftig ins Moos. Genauso geht man mit den Zieräpfeln vor. Anschließend werden die Hölzer mit den Flechten dazwischen gestreut. Solche Zweiglein findet man beispielsweise im Wald, aber häufig auch auf Streuobstwiesen mit alten Obstbäumen.

Den Abschluss der Gestaltung bilden die locker ausgestreuten Kiefernnadeln. Im Bild sind besonders lange Exemplare zu sehen, die man beim Floristen bekommt oder bestellen kann. Man kann aber auch einfach ein paar Nadeln von einem Kiefernzweig zupfen und diese dann verteilen. Hier ist das In-die-Luft-Werfen ebenfalls eine gute Methode, um eine zufällige Verteilung einfach zu erreichen. Den Abschluss bilden ein paar Mistelzweige, die locker verteilt werden. Sie fallen erst beim zweiten Blick auf.

Eine Besonderheit dieser Gestaltung besteht darin, dass die Höhe des Gefäßes die Endhöhe der Gestaltung ist. Für die Aufstellung des Topfes bedeutet das, man muss immer gut auf die Oberfläche schauen können. Am Eingang zum Haus ist die Situation perfekt, ebenso neben der Terrassentür. Man kann aber auch eine Schale so gestalten und sie entweder auf den leeren Balkontisch oder auf einen Mauerpfosten stellen.

Für die gewählten Materialien gibt es eine Vielzahl von Alternativen. Man kann ein paar Fruchtstände von Efeu sammeln und dazulegen. Ebenso könnte man ein paar Hagebutten oder Zweige der Moosbeere dazwischen streuen, wenn man keine Zieräpfel findet. Wer Kinder hat, fängt etwas zeitiger im Herbst an, im Wald Eicheln und Bucheckern, Maronen und Kastanien zu sammeln. Bringt man ein paar Nüsse in die Gestaltung ein, könnte es sein, dass diese von Eichelhäher und Eichhörnchen verschleppt werden. Das zeigt aber, dass diese Gestaltung ökologisch wertvoll ist. In diesem Sinne kann das Ensemble bis zum Frühjahr stehen bleiben. Ich habe die Erfahrung gemacht, dass die Vögel das Moos sehr gerne zupfen, um ihre Nester auszupolstern.

WELCHER STANDORT?

Diese Gestaltung kommt mit jeder Situation gut klar. Bei anhaltender Sonne könnte es sein, dass das Moos etwas mehr Feuchtigkeit braucht, damit es nicht fahl und trocken wird.

WAS KOSTET DAS?

Etwa 12 Euro muss man für das Moos rechnen. Kauft man Zapfen, muss man nochmals gut 20 Euro kalkulieren. Äpfel, Kiefernnadeln und Mistelzweige kann man für wenige Euro kaufen.

WIE LANGE HÄLT DAS?

Grundsätzlich hält alles gut zwei Monate. Das Moos bleibt grün, wenn es feucht ist. Die Äpfel werden schrumpelig oder von Vögeln gepickt.

Wie ein moosiger Waldboden, auf den zufällig etwas gefallen ist, wirkt die Topfgestaltung (oben links). Zieräpfel in verschiedenen Größen sorgen für Farbtupfer und lockern die Gestaltung dadurch auf. Man kann auch Nüsse, Zierquitten oder Beeren von *Ilex* und *Cotoneaster* verwenden (links). Die Zweiglein von der Mistel wirken ganz dezent mit ihren weißen Beeren, die bei Vögeln beliebt sind (oben).

VORWEIHNACHTLICHE STIMMUNGSMACHER

Im Winter schafft man draußen auch ein bisschen Ambiente, um den Blick ins Freie mit der Raumdekoration in Einklang zu bringen. Neben Pflanzen spielen jetzt Kugeln, Lichterketten und farbiges Schleifenband eine wichtige Rolle.

Wenn das Jahr zu Ende geht, beginnt in der Wohnung das große Dekorieren. Auch der mobile Garten bekommt mit ein paar Accessoires eine entsprechende Stimmung. Dabei heißt es Akzente setzen und keinen Weihnachtsmarkt bestücken. Zum einen leiden die Pflanzen, zum anderen sieht man sich die Dekoration leicht satt. Es ist besser, wenn man auch noch auf den zweiten Blick etwas entdeckt oder einfach von einem Winterspaziergang verschiedene Zapfen mitbringt und diese zu einer Girlande aus Sisal zusammenbindet.

Kleine LED-Lichterketten verzaubern stimmungsvoll die Topfkreationen, wenn es abends dunkel ist.

Im Freien macht es darüber hinaus auch Sinn, an die Vögel zu denken. Gerade im städtischen Umfeld ist das Nahrungsangebot schlecht und so kann man mit einem Vogelhaus oder einem Futterkranz dafür sorgen, dass die Singvögel gut über den Winter kommen. Das Schauspiel am Futterplatz gibt Gelegenheit, die verschiedenen Arten von der Wohnung aus zu studieren.

DEZENTER SCHMUCK VON FRÜCHTEN UND KUGELN

Kugeln haben eine besondere Symbolik in der Weihnachtszeit. Ursprünglich waren es vor allem Äpfel und Zitrusfrüchte, die als Schmuck verwendet wurden. Das kann man auch heute noch tun, zumal gerade für Äpfel das Lager an der frischen, kühlen Luft gut ist. So wird die Dekoration zum winterlichen Naschobst.

Kugeln gibt es in allen Varianten und ein Blumentopf, gefüllt mit schillernden Kugeln, hat seinen eigenen Reiz. Wer die Kugeln aufhängt, verwendet am besten dekoratives Satinband, das farblich zu den Kugeln passt und für die Anwendung im Außenbereich geeignet ist. So kommt es nicht zu Verfärbungen bei Nässe. Wer die Kugeln aufhängt, sollte beachten, dass sie so leicht sind, dass sie vom Wind in Bewegung gebracht werden. Glaskugeln gehen dadurch schnell kaputt. Die Bänder werden mit Ösen ans Steckdraht im Substrat verankert.

Grüne Weihnachtskugeln wirken dezent und bringen doch eine stimmungsvolle Note. Befestigt werden sie mit wetterfesten Satinbändern.

LICHT FÜR DIE STRAHLENDEN MOMENTE AM ABEND

Der Winter ist die lichtarme Zeit und daher ist es wichtig, die Szenerie im Freien etwas zu beleuchten. Dabei gibt es zwei Möglichkeiten. Die eine besteht im Kerzenlicht, das mithilfe von Gläsern und Laternen in eine Bepflanzung integriert werden kann. Dabei ist zu berücksichtigen, dass die stetige Erwärmung von Pflanzenteilen dazu führen kann, dass sie mit der Zeit bräunlich und trocken werden. Auch bei Regen zeigen sich für diese Variante Nachteile, weil das Licht schnell mal ausgeht. Und man möchte ja vielleicht nicht unbedingt ein Grablicht in die Töpfe stellen.

Etwas besser sind da Lichterketten. Immer öfter findet man mit Akku betriebene Modelle im Handel. Sie haben den Vorteil, dass man nicht mehr von einem Stromanschluss abhängig ist. Wichtig ist, dass die Lichterketten für die Nutzung im Außenbereich gekennzeichnet sind. Besonders komfortabel sind Modelle mit Zeitschaltung. Sie gehen meist nach sechs Stunden ganz von alleine aus. Die Kabel der Lichterketten müssen vorsichtig zwischen den Pflanzen verlegt und abgedeckt werden, sodass sie tagsüber nicht sichtbar sind.

Zapfen in allen Formen und Größen passen gut zu winterlichen Gestaltungen, weil sie die Pflanzenschönheit der Nadelgehölze abrunden.

WEIHNACHTLICHER AUFTAKT IN DEN WINTER

Eine der wenigen Pflanzen, die mit Blüten der kalten Jahreszeit trotzen, ist die Christrose. In Kombination mit Moosbeeren und einem Koniferenkranz beendet sie das alte Jahr und läutet das neue gleichzeitig ein.

Winterzeit ist Kränzezeit. Das hängt damit zusammen, dass das Jahr dem Ende zu geht und ein neues Jahr beginnt. Das Symbol für diesen Lauf der Zeit ist der Kranz und dieser ist ein ganz wichtiges Element in dieser Gestaltung. Er legt sich wie ein Schal um den Topfrand und stellt für die Christrosen in der Mitte nicht nur optisch eine Betonung dar, sondern schützt die Pflanzen auch gegen eisige, kalte Witterungsbedingungen.

Die Christrosen, die heute auf dem Markt angeboten werden, sind Hybriden, die sicher schon im Advent blühen und vor allem zahlreiche große Blüten haben. Man kauft sie bereits im knospigen, leicht blühenden Zustand. Während Grün und Weiß zwei eher ruhige Farben im Umfeld des Gartens sind, hat Rot eine kraftvolle Energie, die zudem viel Wärme ausstrahlt. Mit der Rebhuhnbeere, auch Scheinbeere genannt, wird dieser lebendige Ausdruck in die Bepflanzung integriert. Die Beeren leuchten intensiv. Die Qualität dieser Pflanzen ist sehr unterschiedlich – manche sind fast 30 Zentimeter hoch und buschig, andere bleiben mit nur knapp zehn Zentimetern eher flach wachsend. Es kann sein, dass man sich etwas umschauen muss, um die passenden Pflanzen für sich zu finden. Meist bekommt man bei den Gärtnereien auf dem Wochenmarkt einen guten Überblick.

Das Topfduo besteht aus zwei verschieden großen Gefäßen, die Granit täuschend ähnlich sehen. Die Pflanzen sind je in einem Kübel platziert, damit sie besser zur Geltung kommen. So wird die Gestaltung zu einem sehr feierlichen Blickfang neben der Haustür und schmückt ebenso den Balkon in den Wintertagen. Die Standortansprüche sind dabei nicht sehr spezifisch, denn sowohl Sonne als auch Halbschatten und Schatten werden toleriert.

WAS BRAUCHE ICH?

- 1 × Kranzunterlage aus Stroh
- 50 Krampen
- 2–3 Bund Thujazweige
- 3 × Rebhuhnbeere *(Gaultheria procumbens)*
- 4 × Christrose 'HGC Diva' *(Helleborus niger)*

In der großen, weißen Christrosenblüte spiegelt sich die Wintersonne (oben). Mittlerweile werden Christrosen schon in der Adventszeit blühend angeboten. Achten Sie beim Kauf auf eine Vielzahl von Knospen, damit Sie lange etwas davon haben (oben rechts). Die Moosbeere zählt zu den Moorbeetpflanzen. Es ist wichtig, dass man sie in den Wintertagen gießt, weil sie über das Laub Wasser verdunstet (rechts.)

Etwas aufwendiger wird die Gestaltung dadurch, dass man zunächst einen großen Kranz binden muss. Dieser wird mithilfe einer Unterlage, dem sogenannten Strohrömer, gebunden. Das Koniferengrün wird zunächst zurechtgeschnitten, so dass man 15 bis 20 cm lange Triebe hat, die dann schuppenförmig übereinandergelegt und mit Krampen befestigt werden.

Wer den Kranz zu mächtig empfindet, der kann eine Girlande binden. Dazu nimmt man eine kräftige Sisalschnur und befestigt das Grün daran mit Bindedraht. Die Girlande ist am Ende flexibler einzusetzen, was den Topfdurchmesser betrifft, und man kann sie auch mit zwei Enden auslaufen lassen. Eine Lichterkette mit Akkus kann zusätzlich in die Girlande eingearbeitet werden. Das gilt natürlich auch für den Kranz. So ist der Blickfang für die in dieser Jahreszeit frühen Abendstunden perfekt. Natürlich kann man sich Kranz oder Girlande auch beim Floristen vorbestellen, wenn man sicher sein will, dass es perfekt aussieht. Wobei man bedenken muss, dass so der Preis nochmals steigt.

Wichtig ist, dass man auch im Winter nicht vergisst, die Töpfe regelmäßig zu gießen. Zum einen verbrauchen die Pflanzen Wasser, zum anderen verdunstet auch an sonnigen Tagen viel Feuchtigkeit. Bei anhaltendem Frostwetter ist sogar eine Abdeckung mit Vlies ratsam. Ist der Topfinhalt durchgefroren, haben die immergrünen Pflanzen keine Chance, Wasser aufzunehmen. Von der Sonnenwärme wird zugleich die Stoffwechselaktivität angekurbelt und darüber Wasser verbraucht. Der Schatten verhindert dieses. Lassen die Christrosen bei Frost die Blütenköpfe hängen, so ist dies kein Grund zur Besorgnis. Es handelt sich hierbei um einen Schutzmechanismus, der reversibel ist, ohne dass die Pflanze Schaden nimmt. Zum Frühjahr vergrünen die Christrosenblüten.

WELCHER STANDORT?

Ein halbschattiger bis schattiger Standort wird gut vertragen. Der sonnige Standort ist auch möglich, allerdings brauchen die Pflanzen dann mehr Wasser und auch besseren Schutz bei Frost durch Vlies. Wichtig ist ein windgeschützter Platz.

WAS KOSTET DAS?

60 bis 70 Euro muss man für die Gestaltung anlegen, wobei der Preis und die Qualität für Christrosen sehr schwanken.

WIE LANGE HÄLT DAS?

Das Topfduo hält den ganzen Winter durch, und wenn die Saison vorbei ist, können die Christrosen in den Garten.

GÄRTNERN IN TÖPFEN

Die Bepflanzung von großen Gefäßen ist keine Zauberei und braucht auch nicht zu viel Erfahrung. Im Gegenteil: Gerade Anfänger können hier sowohl beim Gestalten als auch beim Gärtnern ihre ersten Schritte gehen. Erfolg ist garantiert und die Freude am Minigarten ebenfalls.

LEICHTGEWICHTE FÜR DEN MOBILEN GARTEN

Die Optik von klassischen Materialien wie Blei, Naturstein und rostigem Stahl werden bei den ESTERAS-Gefäßen mit Eigenschaften, die die Arbeit im wahrsten Sinne des Wortes leichter machen und das Wachstum fördern, kombiniert.

Mithilfe des Topfes schafft man im mobilen Garten eine Pflanzfläche, die einem Beet gleichkommt. Während die Möglichkeiten bei Balkonkästen häufig begrenzt sind, haben große Kübel den Vorteil, dass sie ein ausgewogenes Verhältnis von Breite und Tiefe beziehungweise einen großen Durchmesser haben. Dabei ist das Volumen für Substrat durch die Höhe der Gefäße relativ groß. Der Wurzelraum bietet den Pflanzen zum einen viel Speicherplatz für Wasser und Nährstoffe und zum anderen eine gute Möglichkeit, sich zu entfalten. Durch die Größe besteht auch nicht die Gefahr, dass sich der Wurzelraum zu stark aufheizt, vor allem im Sommer sind hohe Temperaturen schädlich.

Gleichzeitig ist das Gewicht von ESTERAS-Gefäßen relativ gering und das bei gleichzeitig einer sehr hochwertig nachempfundenen Oberfläche von klassischen Kübelgefäßen. Eine besondere Gestaltungsmöglichkeit entsteht dadurch, dass die Gefäße einer Serie in verschiedenen Größen erhältlich sind. Eine Kombination aus zwei oder drei Töpfen bietet eine abwechslungsreiche Gestaltung.

Ganz links: Der Wasserabzug wird durch das Loch im Topfboden gewährleistet. Links: Leere Kulturtöpfe auf dem Kopf verringern das Volumen der Gefäße.

GUT VERSORGTE PFLANZEN

Wasser und Nährstoffe sind das A und O für die Entwicklung der Pflanzen. Deshalb spielen neben einer guten Pflanzenqualität als Ausgangsware das Substrat und der Dünger eine wichtige Rolle.

Ein hochwertiges Substrat zeichnet sich dadurch aus, dass es locker und somit gut durchlüftet ist. Darüber hinaus ist eine gute Wasserspeicherfähigkeit von Bedeutung.

In den Sommermonaten macht es durchaus Sinn, ein Produkt zu wählen, das Langzeitdünger enthält. So kann man sich je nach Produkt und Witterung in den ersten acht bis zwölf Wochen Düngergaben sparen. Für Frühlingspflanzungen reicht eine normale Qualitätserde, weil man mit Flüssigdünger gezielt den Bedarf decken kann. Dies gilt auch für den Herbst.

Links: Lockeres Substrat mit guter Speicherfähigkeit.
Rechts: Blähton als Dränage und Wasserspeicher.

DIE QUALITÄT DER PFLANZEN EIN GARANT FÜR ERFOLG

Ein kompakter Wuchs, viele Knospen, einige geöffnete Blüten und gesunde, grüne Blätter lassen den Käufer auf den ersten Blick davon ausgehen, dass man hochwertige Pflanzen kauft. Braune Blattränder, untypisch dunkles beziehungweise helles Laub, vielleicht auch noch ungewöhnlich gewölbt, sowie trockene Erde und welke Triebe sind dagegen erste Zeichen, die einen skeptisch werden lassen. Wer auf Nummer sicher gehen möchte, richtet den Blick auf die Wurzeln. Sie müssen weißlich, gesund und kräftig aussehen, wenn man den Topf entfernt. Außerdem sollte das Substrat von den Wurzeln gehalten werden und nicht herunterbröseln. Finger weg heißt der Rat, wenn das Wurzelwerk bräunlich verfärbt ist und einen fauligen Eindruck macht. Das bedeutet, die Pflanzen haben zu lange im Wasser gestanden, sodass die Zellen der Wurzeln abgestorben sind. Natürlich kann man mit Geduld und unter der Voraussetzung, dass die Pflanzen im Preis reduziert sind, noch etwas retten und sie wieder hochpäppeln. Aber die Schädigung bedeutet immer eine Schwächung und es bleibt ein Risiko, ob die Pflanze es wirklich schafft. Ebenfalls sollte man schauen, dass die Pflanzen frei von Schädlingen sind.

Im Frühsommer bewähren sich Langzeitdünger (links) als Granulat oder als Dosierkugeln. Flüssigdünger liefert im Sommer Nachschub (rechts).

DIE RICHTIGE DOSIERUNG FÜR GESUNDE PFLANZEN

Nährstoffe sind grundsätzlich wichtig für ein gesundes Wachstum. Viel hilft aber nicht viel, sondern es geht darum, die Pflanzen wohldosiert zu versorgen. Langzeitdünger geben die Nährstoffe langsam und in Abhängigkeit von den Temperaturen ab. Man kann sich darauf verlassen. Bei Flüssigdüngern versorgt man die Pflanzen wöchentlich. Der Bedarf der Pflanzen ist unterschiedlich. Neben den Starkzehrern (siehe Kasten unten) gibt es empfindliche Pflanzen wie Fuchsien, Impatiens und Begonien. Hier lieber weniger Nährstoffe geben.

Kaputte Tontöpfe kann man gut verwenden, um das Loch am Topfgrund abzudecken und gleichzeitig für einen guten Wasserabzug zu sorgen.

DIESE BRAUCHEN VIEL DÜNGER

- Sonnenblumen *(Helianthus annuus)*
- Geranien (*Pelargonium*-Hybriden)
- Petunien, insbesondere Hängepetunien (*Petunia*-Hybriden)
- Zweizahn *(Bidens ferrulifera)*
- Kletterpflanzen, z. B. Schwarzäugige Susanne *(Thunbergia alata)*
- Fruchtgemüse wie Tomaten *(Lycopersicon)*
- Blattschmuck wie Süßkartoffel *(Ipomoea batata)*

EINGEPFLANZT UND PERFEKT GEPFLEGT

Es sind nur wenige Handgriffe notwendig, damit die frisch gesetzten Pflanzen im Topfgarten gut gedeihen und immer hübsch aussehen. Es geht vor allem darum, welke und verblühte Pflanzenteile zu entfernen. Ab und zu hilft auch ein Rückschnitt.

Vor dem Pflanzen werden die Pflanzen nochmals gründlich gewässert. Dazu die Pflanztöpfe für eine Stunde in eine Wanne mit Wasser stellen und anschließend abtropfen lassen. In der Zwischenzeit werden die Gefäße gefüllt. Zunächst auf den Topfboden eine Schicht aus leeren Blumentöpfen (siehe Bild Seite 133) legen oder mit einer dicken Schicht Blähton füllen. Es reicht aus, wenn die Pflanzen im Gefäß eine Schicht von 40 Zentimeter Substrat haben. Zwischen Blähton und Substrat legt man Vlies. Das verhindert, dass Substratkrümel in den Blähton gespült werden. Anschließend das Substrat locker etwa bis zehn Zentimeter unter den Topfrand füllen. Nun stellt man einmal die Pflanzen auf die Erde, um die Gestaltung und insbesondere die Pflanzabstände auszutesten.

Stimmt alles, nimmt man die Pflanzen Topf für Topf aus dem Plastikcontainer und pflanzt sie ein. Gelegentlich wird noch Substrat aufgefüllt. Steht das Gefäß an Ort und Stelle, gießt man alles an. Dabei kann die Blumenerde nochmals nachsacken, dann füllt man erneut auf. Im Frühling und Sommer lässt man die Pflanzabstände etwas größer, damit sich die Pflanzen entwickeln können. Im Herbst ist der Zuwachs nur gering, sodass man die Einzelpflanzen dichter aneinanderrücken kann.

Die Pflanzen werden behutsam aus dem Topf genommen, bevor sie in das Substrat gesetzt werden.

ZUPFEN UND KNIPSEN FÜR MAKELLOSE PRACHT

In den ersten Wochen muss man kaum etwas machen. Gießen und die Kontrolle nach Schädlingen gehören zur Routine. Wenn die ersten Blüten verblühen, kann es sein, dass man etwas mehr ausputzen muss. Es geht dabei darum, dass größere Blütenblätter, die braun sind, zwischen den Blättern verkleben. Genauso muss Platz geschaffen werden, damit sich neue Knopsen öffnen. Darüber hinaus sollte man darauf achten, dass die Kraft nicht in die Bildung von Samen geht, und deshalb die Fruchtstände ausknipsen oder abschneiden. Es entwickeln sich rasch neue Knospen.

Links: Mit den Fingern werden welke Blüten abgezupft. Rechts: Ein Rückschnitt hilft, dass die Wolfsmilch dichtbuschig wächst.

VIELE KNOSPEN UND KOMPAKTER WUCHS

Vor allem wenn die Pflanzen im Sommer gut wachsen, muss man ab und an mal einen Rückschnitt wagen, damit sie neu austreiben, neue Knospen bilden und die Pflanzen kompakt bleiben. Meist fällt ein solcher Rückschnitt schwer. Gerade vor den Sommerferien macht er auch insofern Sinn, als man die Pflanzenmasse etwas verringert und so den Verbrauch drosselt. Das heißt, die Pflanzen brauchen nicht so viel Pflege. Beim Schnitt darauf achten, dass die Schnittstelle unsichtbar bleibt.

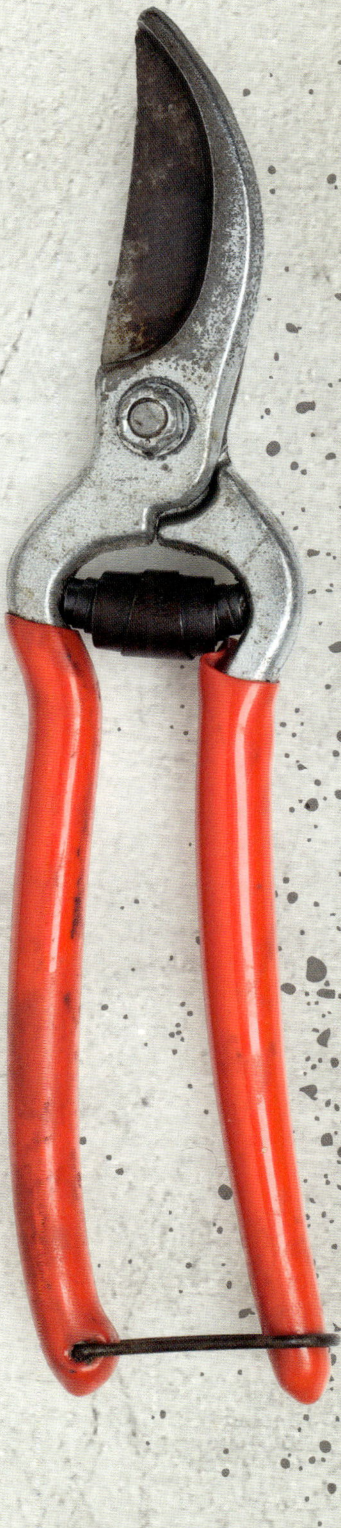

Eine scharfe Rosenschere mit kleinen Scherblättern ist ideal, um welke Blütenstände zu entfernen und die Pflanzen zurückzuschneiden.

TIPPS ZUM GIESSEN

- Vor dem Gießen die Bodenfeuchtigkeit mit dem Finger prüfen.
- Ideal ist es, in den frühen Morgenstunden zu gießen.
- Gießwasser sollte abgestanden sein.
- Ein breiter Strahl aus der Gießkanne oder dem Schlauch ist besser, weil die Blätter nicht nass werden.
- Von allen Seiten mit dem Strahl die Pflanzen wässern.
- Niemals Wasser mit Flüssigdünger auf trockene Erde geben.

STICHWORTVERZEICHNIS

ADRESSEN, DIE IHNEN WEITERHELFEN

Gefäße

Esteras
Über EMSA GmbH
www.esteras.com

EMSA GmbH
www. Emsa.de

Scheurich GmbH & Co. KG
www.scheurich.de

LECHUZA
geobra Brandstätter Stiftung & Co. KG
www.lechuza.com

ELHO
www.elho.ch

Drainagehilfe

EMSA GmbH
www. emsa.de

Substrat

Floragard Vertriebs-GmbH
www.floragard.de

W. Neudorff GmbH KG
Beratung Mo–Do von 8^{00}–16^{00} und Fr von 8^{00}–14^{00}
www.neudorff.de

EUFLOR GmbH
www.euflor.de

COMPO GmbH
www.compo.de

Saatgut

Vertriebsgesellschaft Quedlinburger Saatgut mbH
www.quedlinburger-saatgut.de

Keimzeit Saatgut-Fachversand
www.keimzeit-saatgut.de

Dreschflegel GbR
www.dreschflegel-shop.de/

Gartenland GmbH Aschersleben
www.gartenland.com

Sperli GmbH
sperlishop.de

Kiepenkerl
www.nebelung.de

Bingenheimer Saatgut AG
www.bingenheimersaatgut.de

Samenhaus Müller
www.samenhaus.de

Stauden, Zwiebelblumen und Sommerpflanzen

Albrecht Hoch OHG
www.albrechthoch.de

Albert Treppens & Co Samen GmbH
www.treppens.de

Königliche Gartenakademie
www.koenigliche-gartenakademie.de
(Anmerkung: Kein Versand)

Pöppel-Stauden
www.poeppel-stauden.de

Staudenkulturen am Söhnholz
www.stauden-eskuche.de

Horst Gewiehs GmbH
www.gewiehs-blumenzwiebeln.de

Arends Staudengärtnerei
www.arends-maubach.de
(Anmerkung: Kein Versand)

Volmary GmbH
www.volmary.com
(Anmerkung: Kein Versand)

Sperli GmbH
www.sperlishop.de

Ewald Hügin
www.ewaldhuegin.com (Kein Versand)

Staudengärtnerei Gräfin von Zeppelin
www.graefin-von-zeppelin.de/

Bernd Schober
www.der-blumenzwiebelversand.de

Staudengärtnerei Gaißmayer
www.gaissmayer.de

Kübelpflanzen

FLORA MEDITERRANEA
www.floramediterranea.de

flora toskana
www.flora-toskana.de

Native Plants
www.native-plants.de

Gemüse und Kräuter

Gärtnerei Apfeltraum
www.gaertnerei-apfeltraum.de

Jörn Meyer Gemüsebau
www.tomatenmitgeschmack.de

Die Kräuterei
www.kraeuterei.de

Daniel Rühlemann
Kräuter und Duftpflanzen
www.kraeuter-und-duftpflanzen.de/

Bioland Hof Jeebel
www.biogartenversand.de

Volmary GmbH
www.volmary.com

Syringa Kräutergärtnerei
www.syringa-pflanzen.de

Frank Fischer
www.franks-salvias.de

Bio Gärtnerei Christian Herb
www.bio-kraeuter.de

Irinas Tomaten & Kräuter
www.irinas-tomaten.de

Gärtnerei Dieter Haas
www.bioland-gaertnerei-haas.de

Werkzeug

The golden Rabbit e. K.
www.the-golden-rabbit.de

Manufactum GmbH & Co. KG
www.manufactum.de

TheGardenShop.de
www.thegardenshop.de

Fa. Gartenbedarf-Versand
www.gartenbedarf-versand.de

DANKSAGUNGEN

Es ist schon eine Besonderheit, wenn man die Idee für ein Buch von A bis Z umsetzen kann. Das bedeutet nicht nur die Texte zu schreiben, sondern, tatsächlich Gestaltungsideen zu entwickeln und sie fotografisch umzusetzen, sodass daraus schließlich ein grafisch ansprechendes Buchformat entsteht. Wenn ich nicht zahlreiche Sponsoren, Unterstützer und Helfer gehabt hätte, wäre dieses Projekt nie möglich gewesen. Deshalb möchte ich mich an dieser Stelle bedanken.

Mein Dank gilt der Firma ESTERAS, die uns für die Fotoproduktion die verschiedensten Gefäße aus dem aktuellen Sortiment zur Verfügung gestellt hat. Die formschönen, modernen Gefäße sind ein Grundstein, das Thema »Der mobile Garten« fotografisch umzusetzen. Diese Großzügigkeit hat mir die Möglichkeit gegeben, die Entwicklung der Bepflanzungen zu beobachten und mich davon zu überzeugen, dass die Vorschläge tatsächlich in der Saison 2016 hervorragend gewachsen sind. Hervorheben möchte ich besonders das Engagement von Sonja Zimmermann und Monique Clemens, die immer ein offenes Ohr für die Gestaltungsideen hatten und mir Feedback gegeben haben.

Des Weiteren gilt mein Dank dem Muga e. V. – Mustergärten in der Gruga – und hier besonders Thomas Banzhaf (Vorsitzender) und Sabine Weller (Geschäftsführerin), die Sibylle Pietrek und mir die Möglichkeit gegeben haben, die ansprechenden und abwechslungsreichen Hintergründe in der Mustergartenanlage zu finden. Es hat zum Gelingen des Buches beigetragen, dass wir uns unabhängig und ungestört in der Anlage bewegen konnten.

Aber was wäre ein Garten ohne Pflanzen. Hier möchte ich der Gärtnerei Gerd Franzen in Herten, Riedstraße 201, meinen Dank aussprechen. Ingrid Franzen hat mich intensiv beraten und mir Pflanzen großzügig zur Verfügung gestellt, sodass ich perfekte Kombinationen für meine Ideen entwickeln konnte.

Für die fotografische Umsetzung und die reibungslose Zusammenarbeit danke ich Sibylle Pietrek, die sich auf meine Ideen eingelassen und mit mir gemeinsam die Wetterkapriolen des Frühsommers 2016 ausgehalten hat. Rita Meixner, stellvertretend für den BLV Buchverlag, München, gilt der Dank dafür, dass sie sich für das Thema »Mobile Gärten« begeistern konnte und sich im Verlag dafür eingesetzt hat. Während der Fotoproduktion hat sie uns motiviert und mit kritischen Anmerkungen dafür gesorgt, diesen Titel nicht nur zu einer perfekten Anleitung für die Bepflanzung großer Gefäße zu gestalten, sondern Ihnen als Leser/-in auch Lust auf die Umsetzung zu machen.

Ein großer Dank geht an meinen Mann, der viel Verständnis für ungewöhnliche Arbeitszeiten und das große Materialvolumen hatte und immer mitgeholfen hat, Pflanzungen zu pflegen, sie zu transportieren, und meine Sorgen geteilt hat, wenn Wetter oder Speditionen Fototermine ins Wanken brachten. Lieben Dank auch meinen Freundinnen, die mir ihren Hauseingang als Set zur Verfügung gestellt haben, die mir Feedback gegeben haben, sowie den zahlreichen Passanten, die an meinem Haus vorbeigekommen sind und mich in den vergangenen Jahren immer wieder darauf angesprochen haben, dass ihnen meine Topfbepflanzungen so gut gefallen. Diese Gespräche haben mich letztlich motiviert, die Idee für diesen Buchtitel zu entwickeln und Rita Meixner, BLV Buchverlag, vorzuschlagen.

ÜBER DIE AUTORINNEN

Dorothée Waechter begann bereits in der Kindheit, Töpfe und Beete mit Blumen zu bepflanzen. So war es nach der Schule selbstverständlich, in der Staudengärtnerei Gräfin von Zeppelin eine Ausbildung zu machen und anschließend Gartenbau zu studieren. Vor 20 Jahren hat Dorothée Waechter als freie Fachjournalistin das Redaktionsbüro *folium* gegründet. Hier entstehen Texte und Bücher, Konzepte für Radiobeiträge im WDR und Beiträge für den Service Garten des ARD-Morgenmagazins Ehrenamtlich setzt sich Dorothée Waechter, die in Essen lebt, schreibt und gärtnert, für die Förderung der Gartenkultur ein. Weitere Information auf der eigenen Homepage **www.gartenschönheit.de**

Sibylle Pietrek arbeitete als Werbefotografin in Paris und Düsseldorf, bevor sie sich ganz auf ihre Leidenschaft für Blumen und Gärten konzentrierte. Einen Teil ihrer unverwechselbaren Blumenporträts fotografiert sie in ihrem eigenen Studio, die meisten der Bilder aber entstehen vor Ort: In den Privatgärten, öffentlichen Parks oder botanischen Anlagen, die Sibylle Pietrek in der ganzen Welt besucht. Überall ist sie auf der Suche nach neuen Farbspielen, Blütenformen und floristischen Impressionen. 2014 und 2015 wurde ihre Arbeiten mit dem *International Garden Photographer Award of the Year* ausgezeichnet.

Impressum

Bibliografische Information der Deutschen Nationalbibliothek

Die Deutsche Nationalbibliothek verzeichnet diese Publikation in der Deutschen Nationalbibliografie; detaillierte bibliografische Daten sind im Internet über http://dnb.d-nb.de abrufbar.

BLV Buchverlag GmbH & Co. KG
80636 München

© 2017 BLV Buchverlag GmbH & Co. KG, München

Das Werk einschließlich aller seiner Teile ist urheberrechtlich geschützt. Jede Verwertung außerhalb der engen Grenzen des Urheberrechtsgesetzes ist ohne Zustimmung des Verlags unzulässig und strafbar. Das gilt insbesondere für Vervielfältigungen, Übersetzungen, Mikroverfilmungen und die Einspeicherung und Verarbeitung in elektronischen Systemen.

www.facebook.com/blvVerlag

Bildnachweis
Alle Bilder von Sibylle Pietrek

Umschlagkonzeption und Gestaltung: BLV Verlag
Umschlagfotos: Sibylle Pietrek

Lektorat: Rita Meixner
Textlektorat: Judith Starck
Herstellung: Hermann Maxant
Layoutkonzept Innenteil und DTP: Irina Pascenko

Gedruckt auf chlorfrei gebleichtem Papier

Printed in Italy

ISBN 978-3-8354-1590-4

Hinweis
Das vorliegende Buch wurde sorgfältig erarbeitet. Dennoch erfolgen alle Angaben ohne Gewähr. Weder Autorinnen noch Verlag können für eventuelle Nachteile oder Schäden, die aus den im Buch vorgestellten Informationen resultieren, eine Haftung übernehmen.

BLV im WEB

In unserem Webshop warten weit über 500 lieferbare Titel zu den Themen Garten, Natur, Sport, Fitness, Kreativ und Kochen auf Sie.

Surfen Sie doch mal vorbei, bestellen Sie **versandkostenfrei** und zahlen Sie bequem z.B. **auf Rechnung** oder schnell via **Paypal**.

Versandkostenfrei bestellen: www.blv.de

blv